L'ART DE LIRE LES LIGNES DE LA MAIN

JOHNNY FINCHAM

L'ART DE LIRE LES LIGNES DE LA MAIN

DÉCOUVREZ LE POUVOIR
DE LA CHIROMANCIE MODERNE
ET RÉVÉLEZ VOTRE POTENTIEL DE VIE

LAROUSSE

Mise en garde
Malgré tout le soin apporté à la rédaction des textes, une erreur aura pu s'y glisser. L'auteur et l'éditeur déclinent toute responsabilité concernant la mise en pratique des propos présentés. Ce livre ne saurait remplacer un médecin, ni se substituer à un traitement médical. Il appartient au lecteur de prendre ses responsabilités en matière de sécurité et de connaissance de sa condition. L'auteur et l'éditeur ne sauraient être tenus pour responsables des conséquences qui découleraient de l'utilisation du présent ouvrage, ni, bien sûr, en cas d'interprétation erronée.

Pour l'édition originale
The Modern Palm Reader
Publié pour la première fois en 2020 par White Lion Publishing

Pour l'édition française
Traduction et adaptation : Marie-Noëlle Pichard

Direction de la publication : Isabelle Jeuge-Maynart et Ghislaine Stora
Direction éditoriale : Émilie Franc
Édition : Marie Gazagne
Réalisation : Nord Compo, Villeneuve-d'Ascq
Direction artistique : Géraldine Lamy
Adaptation de couverture : Aurore Elie

Illustrations (intérieur et couverture) : Sue Gent et Olga Kamieshkova

ISBN : 978-2-03-599527-8

Imprimé en Chine
Dépôt légal : octobre 2020
326597/01 – 11045011 – juin 2020

MIXTE
Papier issu de sources responsables
FSC® C016973
FSC www.fsc.org

SOMMAIRE

À PROPOS DE CE LIVRE

Ce livre propose un véritable cours de chiromancie, l'art de lire les lignes de la main. Les exemples ne montrent qu'une seule main, mais pour une bonne lecture, mieux vaut examiner les deux. Si vous n'avez pas beaucoup de temps, sachez que la main active (celle avec laquelle vous écrivez) dévoile la personnalité extérieure et la main passive révèle le moi intime.

INTRODUCTION
Elle répond aux questions concernant l'histoire de la chiromancie, les études qui s'y rapportent et l'influence exercée par l'astrologie.

CHAPITRE 1
LES BASES DE LA CHIROMANCIE
Pour comprendre la différence entre main active et main passive, reconnaître les zones de la paume – chacune représentant des aires différentes de la conscience – et découvrir ce que la forme de vos mains révèle de votre moi profond et instinctif.

CHAPITRE 2
DÉCRYPTER LES DOIGTS
Les doigts dévoilent des traits de personnalité. Leur longueur et leur souplesse plus ou moins grandes aident à identifier le caractère.

CHAPITRE 3
SUIVRE LES LIGNES
La lecture des lignes n'intervient qu'après, contextualisée par ce que la forme de la main, de la texture de la peau, la longueur des doigts et le motif des empreintes vous auront permis de découvrir. Il y a quatre lignes majeures – la ligne de vie, de cœur, de destin et de tête – et un certain nombre de lignes mineures.

CHAPITRE 4
LIRE DANS LES MAINS
Explorez les aspects pratiques de la chiromancie, apprenez à faire preuve d'intuition, de diplomatie et de tact pour donner la meilleure lecture possible.

CHAPITRE 5
EXERCEZ-VOUS !
Testez vos connaissances avec la lecture de quatre paires de paumes. Prenez votre temps, réfléchissez et étudiez chaque paume avant de proposer des interprétations en fin de chapitre.

CHAPITRE 2 DÉCRYPTER LES DOIGTS

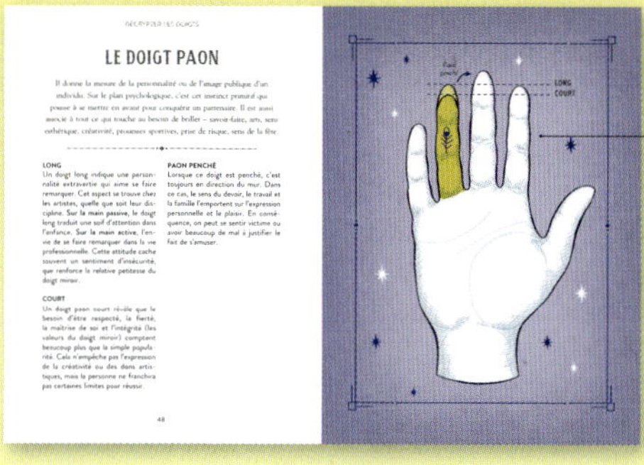

Une représentation de la main montre clairement les caractéristiques clés à identifier.

CHAPITRE 3 SUIVEZ LES LIGNES

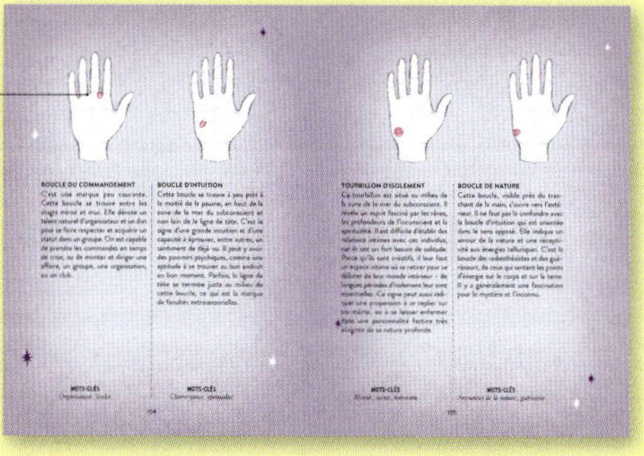

Pratique pour trouver et comparer les lignes, motifs d'empreintes et marques qui correspondent aux vôtres.

CHAPITRE 5 EXERCEZ-VOUS !

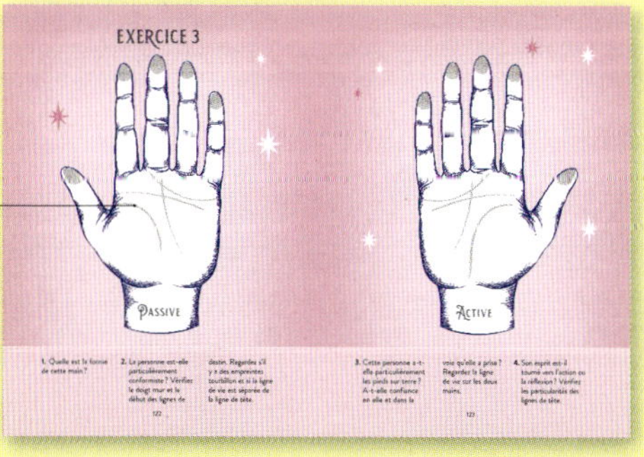

Testez vos connaissances en étudiant les paumes présentées dans ce chapitre.

LES CARTES

Les lignes de la main ne sont pas fixes. Elles changent lentement, grandissent, se cassent et se reforment tout au long de la vie. Seize cartes répertorient les trajectoires possibles des lignes majeures, révélant ce qu'elles disent de la personnalité profonde. Les huit autres cartes détaillent la forme de la paume et la longueur des doigts, ce qui permet d'affiner la signification des lignes.

INTRODUCTION

UN PEU D'HISTOIRE

La chiromancie est une discipline ancestrale et il existe peu de cultures dans le monde qui n'aient, à un moment ou à un autre, pratiqué cet art divinatoire. Originaire d'Inde, elle a été étudiée dès l'Antiquité par les Grecs et Aristote (384-322 av. J.-C.) y fait référence dans *Historia animalium*. La chiromancie est aussi mentionnée dans trois livres de la Bible (Exode XIII, 9 ; Proverbes III, 16 et Job XXXVII, 7).

Traditionnellement, on recherchait sur les paumes les marques aléatoires – comme la croix mystique ou le poisson – pour prédire le destin d'un individu. On pensait que chaque cassure, croix ou interruption sur une ligne révélait un problème, un événement faste ou néfaste dans la vie du consultant. Ainsi, un traité de chiromancie du XVe siècle explique : « S'il y a une croix sur la ligne de cœur, c'est le signe d'une mort par le feu pour un homme, et d'une mort en couches pour une femme. »

Jusqu'à très récemment, on ne savait pas que les lignes de la main se modifiaient au fil du temps et peu de chiromanciens étaient capables d'interpréter les empreintes digitales, pourtant cruciales pour une lecture.

Le potentiel de la chiromancie ne réside pas dans la prédiction de l'avenir, mais bien plutôt dans sa capacité à sonder les mystères de la personnalité. Ce n'est pas l'œil, mais la main qui est la véritable fenêtre de l'âme, parce qu'elle dévoile un incroyable aperçu du caractère.

Une grande partie des aires cérébrales est dévolue aux mains. Si leur taille était proportionnée aux zones du cerveau correspondantes, elles devraient mesurer plus de 1,20 m ! De nombreuses études récentes relient les modifications de la paume au développement de la personnalité. Dans nos sociétés modernes, la chiromancie est considérée comme un outil permettant de découvrir nos qualités, notre potentiel et notre identité.

Cette illustration, extraite d'un ancien traité de chiromancie, montre différents signes à rechercher tels que l'étoile, le poisson ou la couronne.

ASTROLOGIE ET CHIROMANCIE

Traditionnellement, la chiromancie entretient un lien de proximité avec l'astrologie et son symbolisme.

Au Moyen Âge, quand les premiers traités de chiromancie ont été écrits, on considérait que toute vie humaine était influencée par les planètes ou « sphères célestes ». La plupart des chiromanciens étaient aussi des astrologues, tout comme les médecins, les philosophes, les alchimistes et autres savants. On pensait que la paume, les monts et les doigts reflétaient l'influence des planètes sur une personne. On attribuait ainsi une symbolique astrologique à chaque partie de la main.

Au fil du temps, l'avancée de la recherche médicale, de l'anthropologie et des sciences cognitives a lié le développement de la main à celui du cerveau, de sorte que les archétypes astrologiques ont peu à peu été oubliés.

C'est pourquoi vous trouverez dans ce livre les références astrologiques traditionnelles qui se rapportent à chaque partie de la main, mais aussi des termes plus précis et moins connotés pour une compréhension et une interprétation faciles de chaque point (voir chapitre 2). Par exemple, le doigt du milieu était autrefois appelé « doigt de Saturne ». Cela ne dit probablement rien à la majorité des esprits contemporains, sauf à ceux qui savent qu'à une personne « saturnienne » correspond souvent un caractère sérieux et rigide. Avec la métaphore moderne de doigt « mur », on comprend facilement qu'un individu doté d'un très long majeur est quelqu'un de solide, une pierre de base de l'édifice social : un esprit conventionnel, mais responsable. Dans ce livre, les doigts sont toujours désignés par leur métaphore moderne.

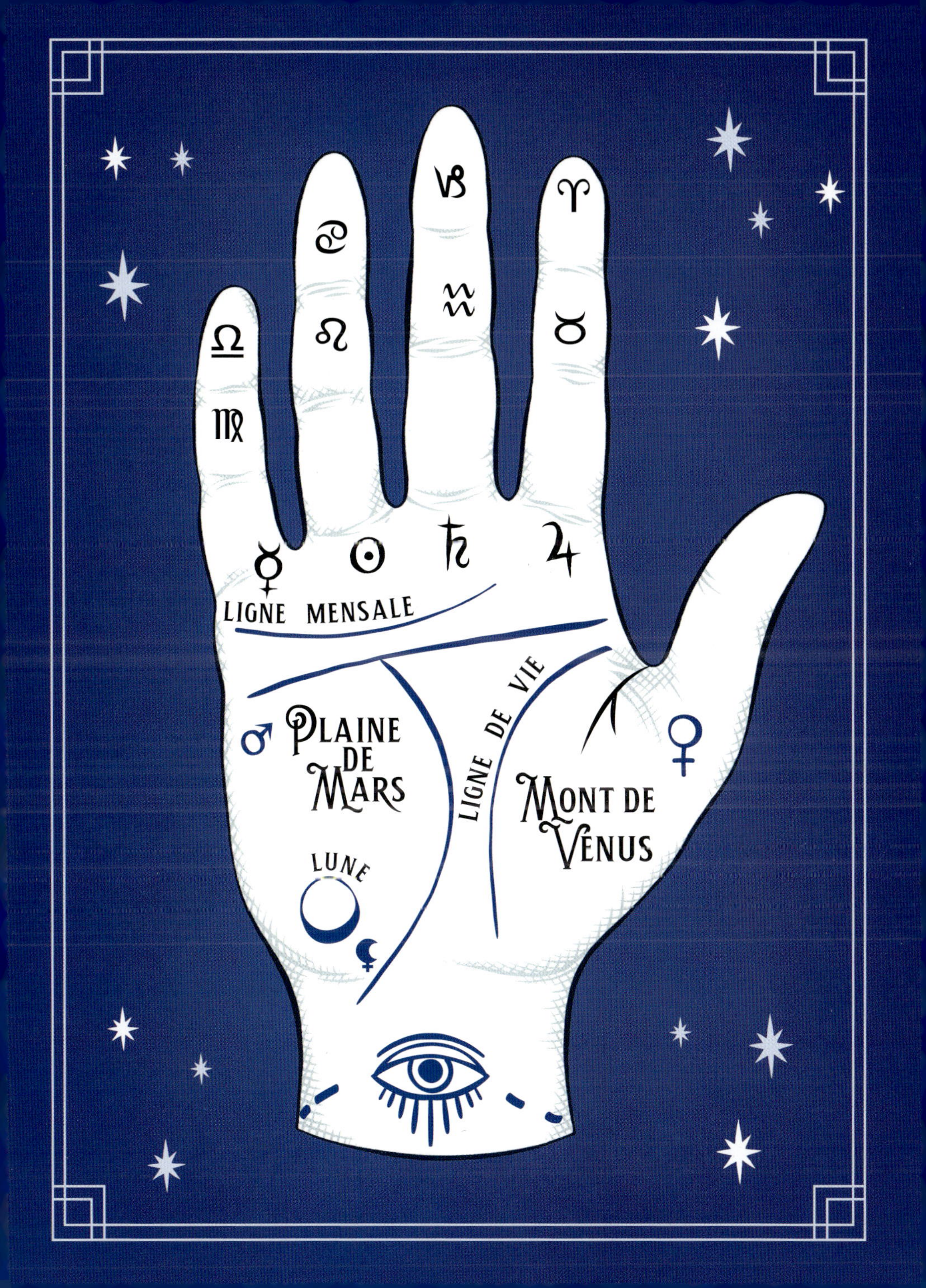
LIGNE MENSALE
PLAINE DE MARS
LIGNE DE VIE
MONT DE VENUS
LUNE

LES RÈGLES D'OR DE LA CHIROMANCIE

Commençons par les cinq règles que vous devez garder à l'esprit tout au long de ce livre.

1

AUCUN POINT, PRIS SÉPARÉMENT, NE DONNE D'INDICATION SUR LE CARACTÈRE D'UNE PERSONNE. CELLE-CI EST LA SOMME DE TOUTES LES QUALITÉS DE SES PAUMES.

2

NE PRENEZ PAS POUR ARGENT COMPTANT TOUT CE QUE VOUS LIREZ ICI. CONTRÔLEZ CHAQUE MARQUE ET SIGNE EN COMPARANT PLUSIEURS MAINS ET VÉRIFIEZ CHAQUE POINT PAR VOUS-MÊME.

3

TOUT CE QUE VOUS VOYEZ DANS UNE MAIN COMPORTE UN ASPECT POSITIF ET NÉGATIF.

4

NE SOYEZ PAS OBSÉDÉ PAR D'OBSCURES RIDULES, CROIX ET AUTRES MARQUES. ELLES SONT BIEN MOINS IMPORTANTES QUE DES CONSIDÉRATIONS COMME LE TYPE DE PEAU OU LA LONGUEUR DES DOIGTS.

5

PRATIQUEZ, PRATIQUEZ ET PRATIQUEZ ENCORE !

1

LES BASES DE LA CHIROMANCIE

MAIN ACTIVE, MAIN PASSIVE

L'un des premiers aspects à examiner est la différence entre les deux mains. On appelle main active ou dominante celle avec laquelle on écrit, l'autre étant la main passive ou non dominante.

La main active exprime le tempérament, la **personnalité développée et sociale** ; la main passive révèle la part intime de l'être, le **moi profond et caché**. Lors d'une lecture, il faut toujours étudier les deux paumes, la différence entre elles étant particulièrement importante. Cet écart entre les mains peut se comparer à la perception que nous avons d'un collègue de travail, une relation sociale (main active), et celle de la personne qui partage notre vie, dont on connaît les humeurs, les peurs et les aspirations les plus intimes (main passive).

Pour savoir ce qui fait agir une personne, il est indispensable d'étudier les différences entre mains dominante et non dominante. La paume passive est plus représentative dans l'enfance, alors que la paume active est plus importante pendant l'adolescence. La main passive est souvent plus marquée que l'active, car les problèmes liés à la petite enfance laissent des traces plus visibles.

Plus les mains active et passive diffèrent, plus les personnalités extérieure et intérieure divergent, ce qui signifie que l'individu aura profondément évolué et changé au cours de sa vie. Mais nous ne sommes jamais complètement actifs ou passifs, nous voyageons d'un état à l'autre.

À RETENIR

Si vous repérez un énorme sentiment d'insécurité dans la main passive, il peut expliquer la très grande ambition que reflète la main active.

LE POUCE ET LE MONT DE VÉNUS

Dans les temps anciens, la chiromancie s'intéressait de manière obsessionnelle aux monts – ces zones charnues qui tapissent la paume et symbolisent les forces motrices de l'individu. De nos jours, seul le mont de Vénus conserve son importance. Le pouce et le mont de Vénus sont souvent décrits comme le moteur de la paume. Vous allez découvrir ici comment les interpréter et les évaluer.

LE POUCE

Il parle de **maîtrise de soi** et d'**endurance.** Plus le pouce est fort et ferme, plus l'individu sait ce qu'il veut et se donne les moyens de réussir.

Prenez celui du consultant entre vos doigts et inclinez-le doucement vers le poignet.

- S'il est raide et peu mobile, c'est le signe d'un grand sang-froid, de beaucoup de discipline et d'une volonté de réussite.
- S'il est souple et s'incline facilement vers l'arrière, la personne peut facilement changer de trajectoire dans la vie. Elle aime mieux respirer le parfum des roses plutôt que de s'imposer des contraintes, et préfère probablement travailler dans un environnement non compétitif.

LE MONT DE VÉNUS

Situé à la base du pouce, c'est ce coussinet charnu de muscles qu'entoure la ligne de vie. Il donne la mesure des **ressources physiques.**

Pour évaluer la nature de cette zone, pressez-la entre votre pouce et vos autres doigts.

- Si les muscles sont rebondis et résistants, l'individu déborde d'énergie et d'une endurance à toute épreuve. Il s'agit souvent de quelqu'un de très actif, qui aime le sport.
- Si la base du pouce est bien développée mais un peu molle, ce qui est assez courant, l'énergie est normale et suffisante.
- Avec un mont très mou et peu prononcé, la personne n'a pas beaucoup d'énergie, elle se fatigue facilement, déteste la compétition et l'exercice physique.

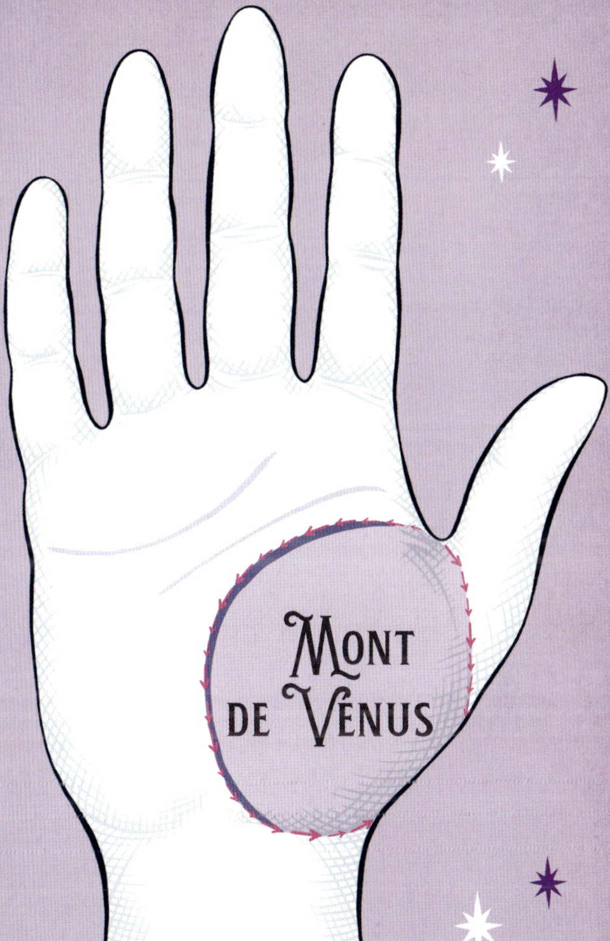

Le mont de Vénus est entouré par la ligne de vie.

LES QUATRE PRINCIPALES FORMES DE PAUME

Avant de se lancer dans l'analyse des mains, il est préférable de bien connaître leur forme. Vous allez donc découvrir ce que les doigts et la paume révèlent en chiromancie.

LES DOIGTS

Ils sont le reflet des **fonctions analytiques et spéculatives** du lobe frontal du cerveau. Plus les doigts d'un individu sont longs, plus il sera à l'aise dans le domaine de l'abstraction et de l'analyse. Pour vérifier la longueur d'un doigt, mesurez la taille du majeur (sur sa face palmaire) de sa base au sommet. S'il équivaut plus ou moins aux trois quarts de la paume, les doigts sont courts. S'il fait les sept huitièmes ou plus de la hauteur de la paume, les doigts sont longs.

LA PAUME

Elle est l'expression du cerveau reptilien primitif, celui qui gouverne les **fonctions vitales** et l'**instinct de conservation**. Ainsi, une paume large aux doigts courts indique une personne très concernée par sa préservation, sa sécurité, son foyer et les aspects les plus pratiques et matériels de l'existence. Plus la paume est large, plus l'individu interagit avec le monde réel et a du pouvoir sur lui. Plus la paume est étroite, plus il est réceptif aux forces extérieures et mieux il s'adapte.

LES FORMES

Il en existe quatre :

- paume large, doigts courts (la tortue – terre) ;
- paume étroite, doigts courts (le tigre – feu) ;
- paume large, doigts longs (le faucon – air) ;
- paume étroite, doigts longs (le serpent – eau).

Il est parfois difficile de catégoriser une paume lorsqu'elle a, par exemple, des côtés arrondis ou des doigts de taille moyenne. Si tel est le cas, ignorez la forme et passez au chapitre suivant.

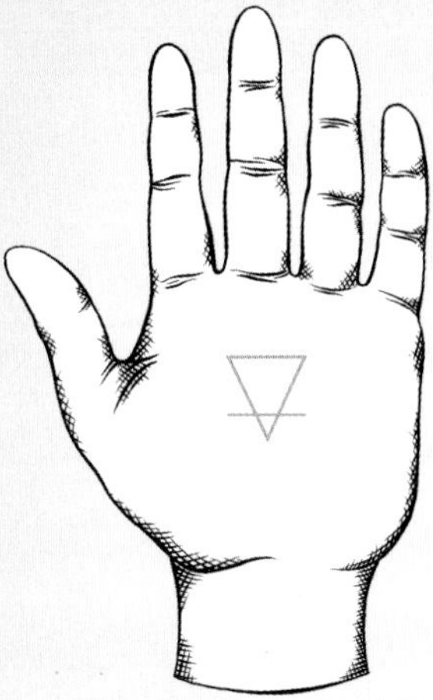

LA TORTUE • TERRE

Paume large, doigts courts

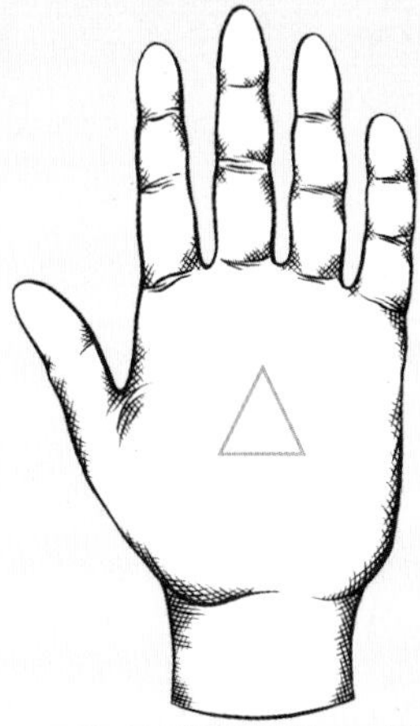

LE TIGRE • FEU

Paume étroite, doigts courts

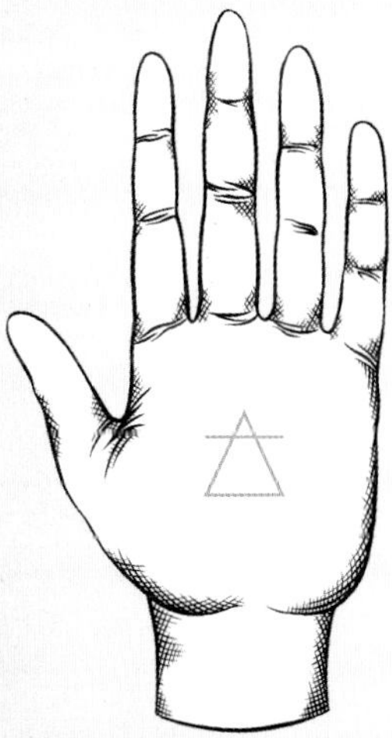

LE FAUCON • AIR

Paume large, doigts longs

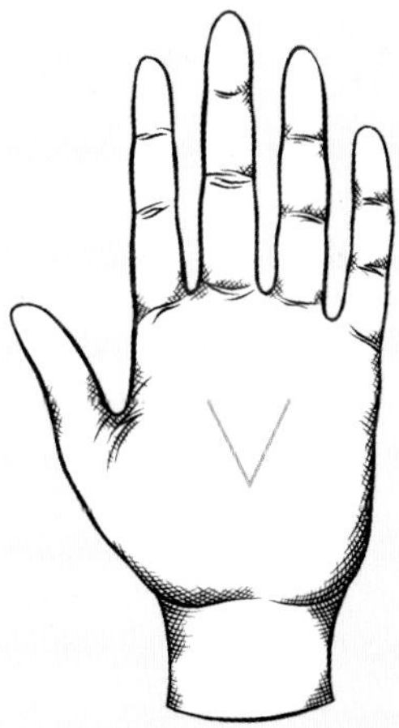

LE SERPENT • EAU

Paume étroite, doigts longs

LA TORTUE

MAIN TERRE

Main petite, carrée, solide avec une ossature forte et des doigts courts.

TRAITS POSITIFS
Fiable, forte, pragmatique, résolue et pragmatique

TRAITS NÉGATIFS
Bornée, lente, casanière et sceptique

La personne tortue est trapue, petite et costaude. Les doigts courts et la paume large suggèrent un faible intérêt pour les idées abstraites, mais de la poigne dans le monde réel. La tortue préfère l'action à la réflexion.

C'est la plus pragmatique de tous les types de personnalités. On la rencontre dans toutes sortes de professions physiques où il faut savoir se servir de ses mains – des métiers qui demandent de l'**endurance**, de la force et de l'habileté.

La tortue est de **nature prudente, économe**. Fidèle en amour et en amitié, elle aime sa famille et est axée sur son foyer. Elle déteste la superficialité, a un penchant pour le connu et le familier. Elle regarde avec méfiance ce qui est exotique ; plutôt que de s'envoler vers des destinations lointaines, elle préfère passer des vacances près de chez elle.

Elle accorde beaucoup d'importance aux traditions et à l'histoire. C'est la plus **loyale** de tous les types, les pieds sur terre, solide, s'exprimant franchement, peu portée sur les spéculations et les hypothèses.

La carapace de la tortue est épaisse, la personne se protège et révèle peu ses sentiments. Obstinée et lente, elle avance prudemment dans l'existence sans jamais se presser ni sacrifier la sécurité à l'ambition. Nous sommes rarement conscients du sol qui nous supporte, tout comme nous ignorons souvent la tortue qui s'affaire à l'arrière-plan en accomplissant un **travail essentiel** : bâtissant, maintenant, soutenant et prenant soin, s'occupant de tout ce qui est vital. De fait, ce type de personnalité est souvent discret et peu reconnu.

DOIGTS
Courts

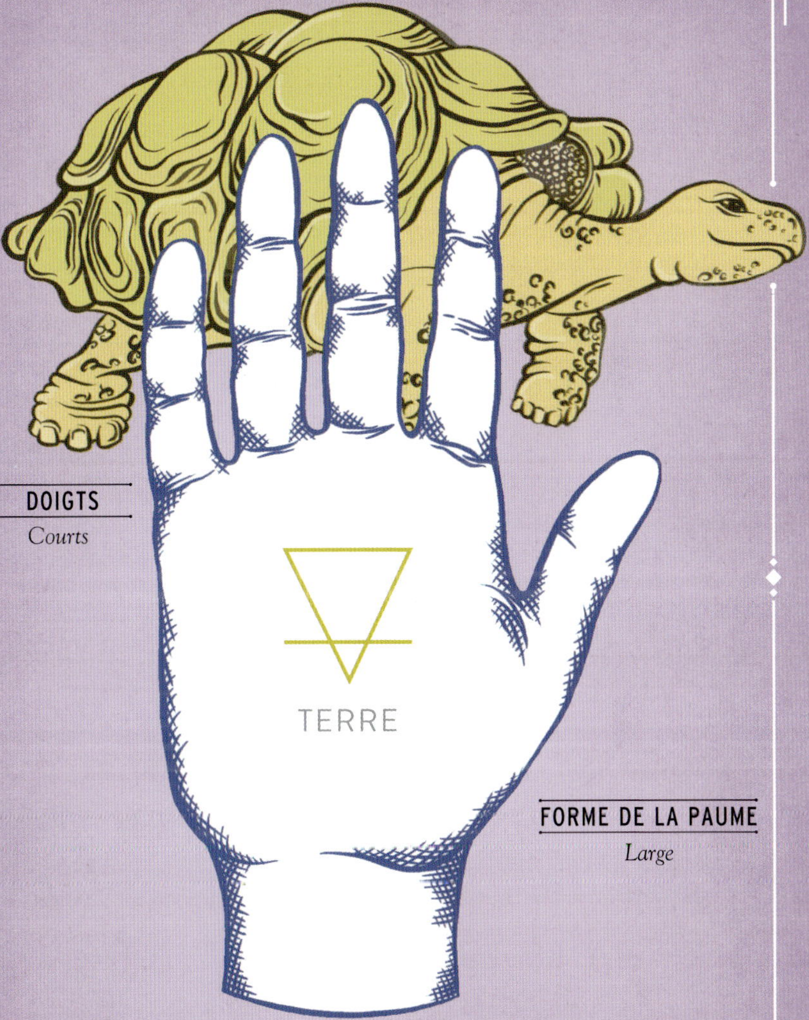

FORME DE LA PAUME
Large

MOTS-CLÉS
Prudence, lenteur, autoprotection, force, stabilité, pesanteur, profondeur, fidélité, persévérance, simplicité, instinct de conservation, abri, foyer

LE TIGRE

MAIN FEU

Main de forme rectangulaire, avec des doigts courts.

TRAITS POSITIFS
Dynamique, volontaire dans la réussite, autonome et extrêmement motivé

TRAITS NÉGATIFS
Impatient, peu compatissant, compétiteur et coléreux

La personne tigre est animée par l'énergie du feu. Elle est **brillante** et se distingue généralement d'une manière ou d'une autre. La paume est rectangulaire (mais plus large que celle de la main Eau) et les doigts sont courts (mais plus longs que ceux de la main Terre), ce qui signifie qu'elle n'assimile que des informations qui lui sont utiles pour agir. Sa main est souvent chaude avec des doigts fermes, signe d'un individu dynamique qui réagit vite aux événements. Le corps est nerveux ou musclé.

Le tigre est toujours sur le pont, prêt pour la compétition, avide d'initiatives et impatient de faire avancer les choses. Il aime les études, principalement pour acquérir des compétences qui lui permettront de **progresser et réussir.** L'impatience est son trait de caractère dominant et il éprouve peu de sympathie pour les gens plus lents et plus prudents. Son objectif, voilà ce qui motive le tigre ! Il s'attarde peu sur ses erreurs ou ses réussites passées, visant toujours sa prochaine cible.

Le tigre peut manquer parfois de profondeur. Il n'a pas peur de **prendre des risques**, car il est persuadé que l'audace paie. On trouve des tigres dans tous les domaines de la vie où priment l'action, le brio, l'excitation et l'aventure.

MOTS-CLÉS

Ardent, spectaculaire, changeant, puissant, brillant, audacieux, mouvement, activité, action, recherche d'excitation

LE FAUCON

MAIN AIR

Main grande avec une ossature légère, une paume carrée et de longs doigts.

TRAITS POSITIFS
Original, ayant le sens de l'humour, rationnel et éloquent

TRAITS NÉGATIFS
Sarcastique, critique, rebelle

La personne Air est généralement grande et mince. Les paumes carrées révèlent du pragmatisme, alors que les longs doigts signalent un individu fasciné par le monde des idées. Le type faucon aime sa **liberté** ; s'il se sent prisonnier de trop d'engagements, il se réfugie dans l'imaginaire et les spéculations.

Le faucon est toujours en train de voyager ou d'échafauder de **grands projets et plans**. C'est un éternel étudiant qui passe son temps à lire, réfléchir et apprendre. Il est un peu farfelu et adore parler avec les mains, les agitant comme les ailes d'un oiseau pour appuyer ses propos.

Les faucons exercent souvent des professions indépendantes, utilisant leur intelligence pour trouver un travail qui leur permet de préserver leur liberté. Dans les relations, ils ont aussi besoin d'espace et d'**indépendance**, même s'ils se retrouvent souvent attachés à une personne tortue, terrestre, qui leur apporte le cadre et la stabilité nécessaires à leur esprit assez brouillon.

Les faucons ont un grand **sens de l'humour et de l'ironie** qui fait tout leur charme. Ils adorent discuter, argumenter, débattre et instruire chaque fois que l'occasion se présente.

MOTS-CLÉS

Léger, aérien, visionnaire, esprit élevé, calme, contemplatif, penseur, rationnel, idées, idéaux, cérébral

LE SERPENT

MAIN EAU

Main à la paume étroite de forme rectangulaire, avec de longs doigts généralement très souples.

TRAITS POSITIFS	▽	TRAITS NÉGATIFS
Compatissant, dévoué et de nature sensible		**Autocentré, dépressif, mélancolique et passif**

La main Eau correspond à une personnalité de type serpent, extrêmement **flexible et adaptable** dans la vie. Le serpent est profond, théâtral, attiré par le mystère, les rêves, les arts, l'imaginaire et l'ailleurs.

Souvent énigmatique, il se déplace d'une manière fluide et sensuelle. Ses centres d'intérêt sont les relations, les sentiments, le monde intérieur et les réactions. Sa vie repose sur les **relations** ; il est capable de s'insinuer dans les bonnes grâces d'autrui en répondant exactement à ses attentes. L'eau réagit au moindre contact et change de forme pour contourner les obstacles. C'est ce qu'incarne la souplesse et la fluidité du type serpent, qui s'adapte à n'importe quelle situation.

On l'associe à l'art dramatique et à la danse. Ces personnalités n'appréhendent pas le monde de manière rationnelle, elles le perçoivent intuitivement. Peu sensibles à la logique et au pragmatisme, elles s'intéressent à l'inconscient, à l'imaginaire, aux **voies spirituelles et artistiques** qui leur permettent de s'exprimer et de se nourrir.

Les personnes Eau sont souvent attirées par le monde souterrain des **arts divinatoires** et des pratiques magiques – cristaux, magie blanche, superstitions et tarot.

DOIGTS

Longs et souples

FORME DE LA PAUME

Étroite et rectangulaire

MOTS-CLÉS

Fluide, mouvant, mélancolique, profond, sensible, réfléchi, émotion, naissance, connexion, soin, partage, réceptivité, sensibilité, empathie

LES QUADRANTS DE LA PAUME

Les quadrants sont des sections de la paume directement reliées à certaines aires du cerveau. Comprendre la carte des quadrants facilite beaucoup l'interprétation des lignes et des marques dans les mains.

La main est partagée en quatre zones ou quadrants. Les marques ou les lignes se rapportent uniquement au quadrant où elles se trouvent. Pour les repérer, tracez à l'aide d'une règle une ligne verticale depuis le milieu du majeur jusqu'au léger creux situé à la base de la paume (la cuspide). Puis tracez une ligne perpendiculaire partant à mi-chemin entre la base de l'index et celle du pouce. Prolongez-la jusqu'à un point médian entre la base de l'auriculaire et celle de la paume.

Vous obtenez ainsi quatre sections légèrement inégales :

- **le quadrant Premier**, relatif au foyer, au corps et à la famille (dans la zone la plus proche du pouce) ;
- **le quadrant Mer**, représentant la mer du subconscient, les rêves, la spiritualité et l'intuition (dans le coin en bas et à l'opposé du pouce) ;
- **le quadrant Monde**, concernant les relations avec autrui et la scène publique (sous l'auriculaire) ;
- **le quadrant Tour**, qui se rapporte au pouvoir personnel et à la perception de soi (sous l'index).

Chaque fois que vous prenez l'empreinte d'une main (voir pages 114-115), tracez-y les quadrants, jusqu'à ce que vous vous soyez suffisamment familiarisé avec leur emplacement pour pouvoir les situer facilement.

BON À SAVOIR

Il arrive que des quadrants soient plus grands chez certaines personnes, ce qui traduit une amplification des tendances naturelles indiquées ci-contre.

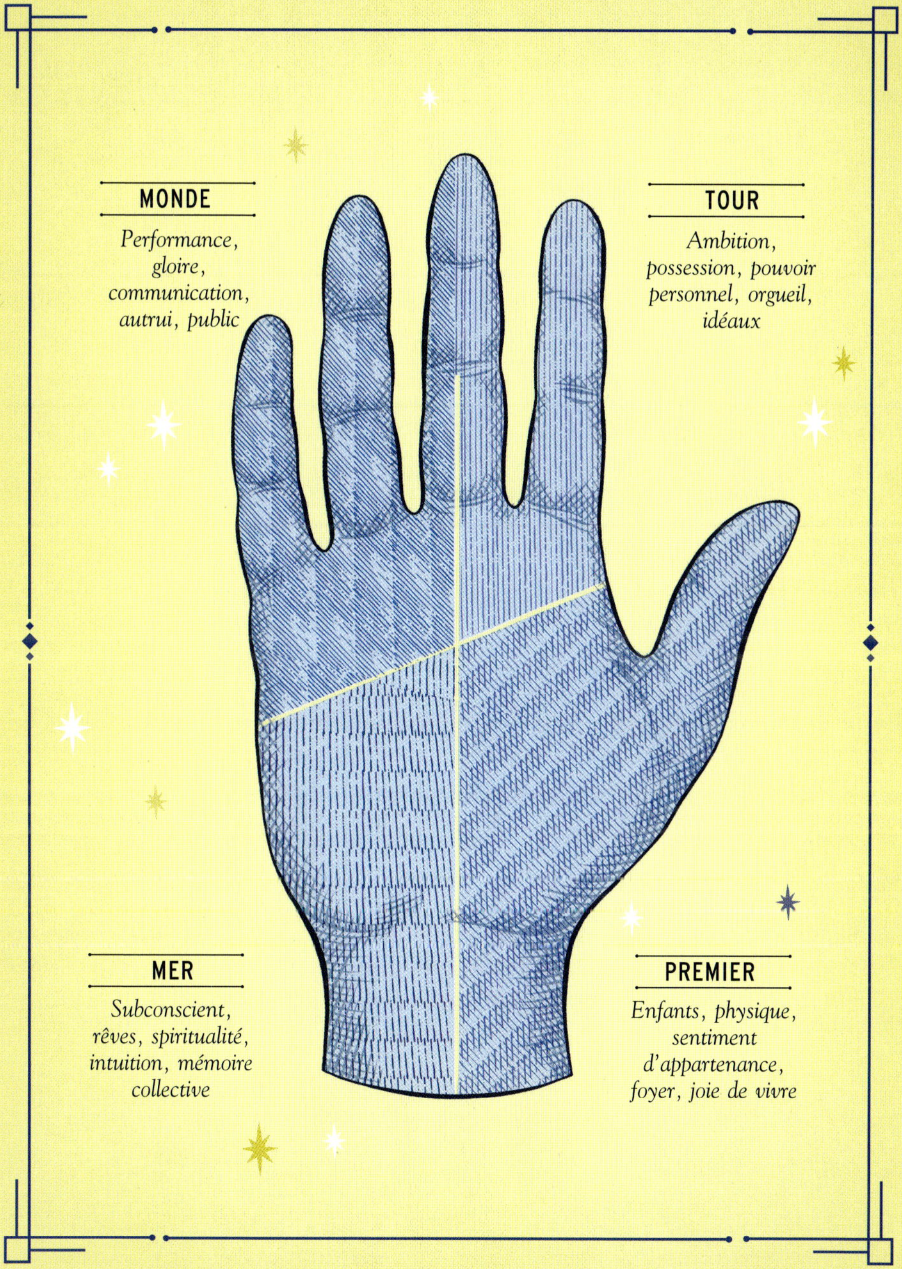
MONDE
Performance, gloire, communication, autrui, public
TOUR
Ambition, possession, pouvoir personnel, orgueil, idéaux
MER
Subconscient, rêves, spiritualité, intuition, mémoire collective
PREMIER
Enfants, physique, sentiment d'appartenance, foyer, joie de vivre

LES TYPES DE PEAU ET LES CRÊTES PAPILLAIRES

La texture de la peau à l'intérieur de la main en apprend beaucoup sur la personnalité. C'est un point crucial à examiner avant toute lecture des lignes.

La surface de la peau à l'intérieur des mains est formée de petits sillons appelés crêtes papillaires. Ces crêtes contiennent plus de terminaisons nerveuses que l'ensemble du corps, avec une multitude de capteurs microscopiques pour le toucher, la douleur, les sensations de chaleur ou d'humidité...

La texture de la peau est révélatrice de la manière dont nous percevons et ressentons le monde extérieur, ainsi que des environnements susceptibles de nous convenir. **Plus la peau est fine**, douce et lisse, plus les crêtes papillaires sont serrées, plus la personne est complexe et sensible. **Plus la peau est épaisse** et rugueuse, plus les crêtes papillaires sont espacées et moins l'individu est conscient des énergies qui l'entourent.

Contrairement à une idée assez répandue, ni l'épaississement de la peau à certains endroits ni les callosités dues à une activité manuelle ne modifient la densité des crêtes papillaires.

En pratique, passez doucement la pulpe de l'index de votre main active (la sensibilité est plus grande) dans le creux de la main passive du consultant. Si cette zone est calleuse, cherchez un endroit plus lisse. Il est évident que d'une personne à l'autre, le grain de peau peut varier du tout au tout, mais pour plus de facilité, les chiromanciens ont défini quatre textures correspondant à des degrés croissants de rugosité : soie, papier, rugueux et très rugueux.

PEAU À LA TEXTURE SOYEUSE

- **La peau est très fine**, ultralisse, douce et délicate. On a du mal à sentir les crêtes papillaires sous la pulpe des doigts. Les paumes sont généralement parcourues par un fin réseau de lignes et la peau paraît fragile.

◆ **Les personnes concernées** sont hyperréceptives, sensibles au moindre changement de température ou aux variations d'humeur. En pénétrant dans une pièce, elles en perçoivent très vite l'ambiance et sentent s'il y a eu une dispute ou un conflit. Elles ont une tendance naturelle à faire une montagne d'un rien. Elles cherchent à éviter les conflits, le stress, les produits chimiques agressifs et les environnements difficiles. Ces gens exercent souvent des métiers où leur sensibilité est un atout.

PEAU À LA TEXTURE DE PAPIER

◆ **La peau est fine et sèche**, les crêtes papillaires sont très légèrement perceptibles sous la pulpe des doigts. La peau est parfois un peu jaune. Il y a beaucoup de longues lignes sur la paume.

◆ **Les personnes concernées** sont sensibles, mais pas au point de se laisser submerger par leurs émotions. Elles sont très réceptives aux stimulus d'ordre visuel, verbal et mental. Très agiles mentalement, elles le sont beaucoup moins physiquement. Elles pensent vite et ne laissent pas paraître leurs émotions.

PEAU À LA TEXTURE RUGUEUSE

◆ **Les crêtes papillaires** d'une peau rugueuse sont visibles et on les sent très nettement au toucher. Les lignes sur la paume sont profondes et rouges.

◆ **Les personnes concernées** sont très occupées, elles aiment le mouvement et l'activité. Peu portées à la réflexion et à l'égocentrisme, elles réussissent brillamment ce qu'elles entreprennent sans en faire une montagne.

PEAU À LA TEXTURE TRÈS RUGUEUSE

◆ **La peau est épaisse et rêche**, avec des crêtes papillaires bien perceptibles au toucher. Les lignes sont peu nombreuses, très profondes, comme des sillons.

◆ **Les personnes concernées** ne sont pas dotées d'une grande sensibilité, elles sont indifférentes au froid et remarquent à peine écorchures et coupures. Elles détestent être enfermées longtemps à l'intérieur et adorent le contact avec la nature, les animaux et les matières naturelles.

◆ Ce type de peau se trouve chez des personnes à l'endurance surhumaine qui aiment travailler, réparer et construire, mais parlent peu (sinon jamais) de leurs émotions.

2

DÉCRYPTER LES DOIGTS

QUE DISENT LES DOIGTS ?

Depuis quelques années, anthropologues et scientifiques s'intéressent aux rapports entre doigts et personnalité. Cette approche a ouvert de nouvelles et passionnantes perspectives aux chiromanciens. Un index un peu plus long ou plus court que la moyenne, ou penché d'une certaine manière, nous en dit beaucoup sur quelqu'un ! Quand on examine les doigts, il faut d'abord comparer leur taille, vérifier s'ils sont droits ou courbés puis tester leur souplesse. Dans ce livre, les doigts sont toujours désignés par leur métaphore moderne.

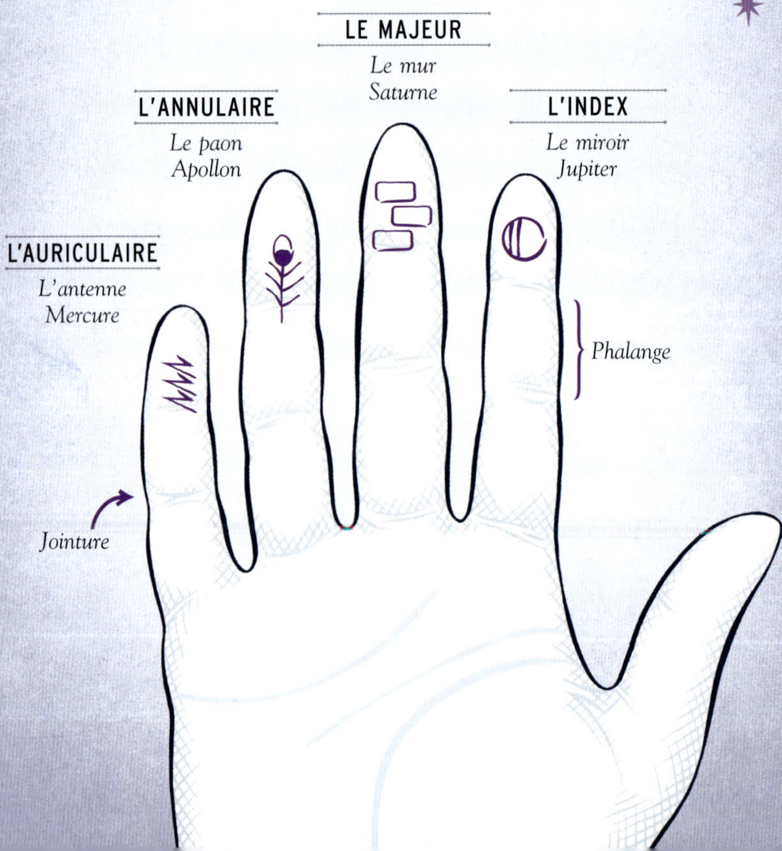

SIGNIFICATIONS DES DOIGTS ET MÉTAPHORES

L'AURICULAIRE

- **Planète maîtresse :** Mercure.
- **Signification :** dons de communication, perception des signaux, langage, habileté, ouïe, sexualité.
- **Métaphore moderne :** doigt antenne.

L'ANNULAIRE

- **Planète maîtresse :** Apollon.
- **Signification :** goût de la représentation et besoin d'attention, créativité, risque, flamboyance, dons, tendance à l'exagération.
- **Métaphore moderne :** doigt paon.

LE MAJEUR

- **Planète maîtresse :** Saturne.
- **Signification :** relation à la société et aux traditions, conformisme, sens du devoir, valeurs, limites, pesanteur, obligations familiales.
- **Métaphore moderne :** doigt mur.

L'INDEX

- **Planète maîtresse :** Jupiter.
- **Signification :** conscience de soi, introspection, ego, orgueil, ambition, volonté de contrôle.
- **Métaphore moderne :** doigt miroir.

LES PHALANGES

Ce sont les trois segments rectangulaires qui composent chaque doigt. Généralement, ces segments ont à peu près la même taille. Il arrive toutefois que la troisième phalange (la plus proche de la paume) soit plus grande ou plus petite que la première. Une troisième phalange très développée est un indice de sensualité, d'amour du plaisir et d'excès. À l'inverse, si elle est plus petite et étroite, c'est un signe d'ascétisme et de mépris des plaisirs de la chair.

LES JOINTURES

Les jointures des doigts sont en général peu proéminentes. Quand elles sont marquées et gonflées, on remarque une tendance à être particulièrement pointilleux. C'est l'expression d'une personnalité exigeante et tatillonne, qui consacre toute son énergie mentale à des détails procéduriers. Ces jointures révèlent de l'intelligence, mais un esprit quelque peu pédant animé par la précision.

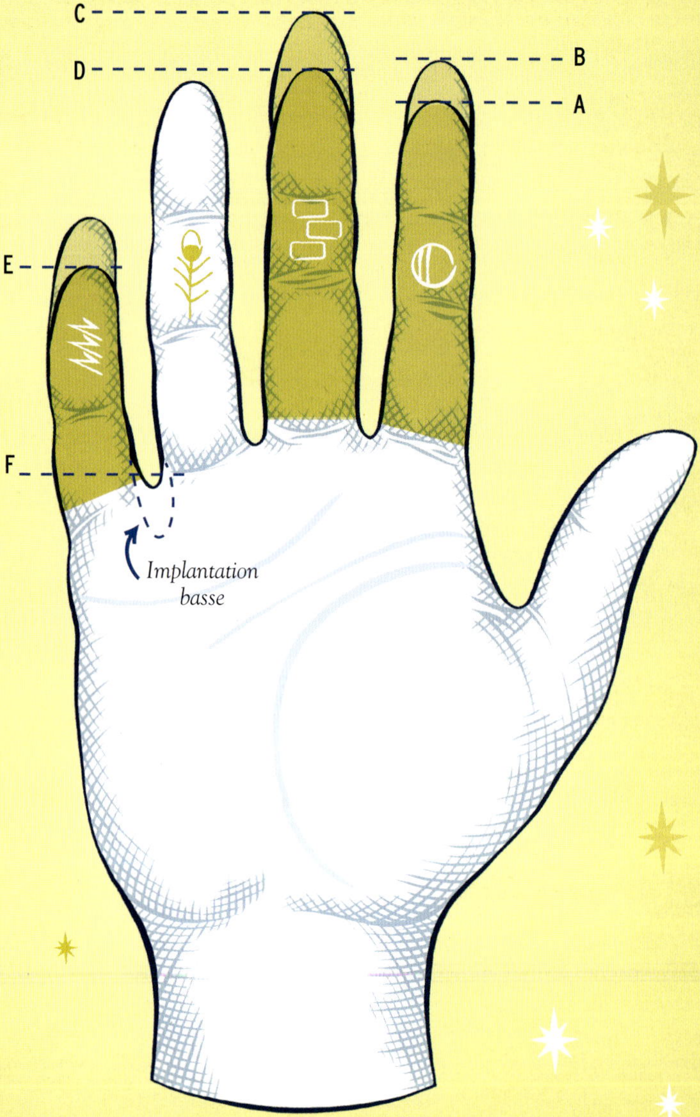

C
D
B
A
E
F
Implantation basse

LA LONGUEUR DES DOIGTS

Un doigt n'est long ou court que par rapport aux autres. Quand un doigt de la main passive est très long ou court, c'est le signe d'expériences formatrices vécues durant l'enfance. Sur la main active, cela indique une problématique qui s'exprime au présent dans le domaine professionnel.

POUR LES DOIGTS MIROIR ET PAON

La longueur du doigt miroir s'évalue par rapport à celle du doigt paon. Cette comparaison s'effectue simplement en plaçant une règle au bout de ces deux doigts, en gardant la main tendue et en repliant le doigt mur pour qu'il ne vous gêne pas.

Si la règle penche vers le pouce, c'est que le doigt miroir est court **(A)**. Si elle remonte vers le pouce, c'est que le miroir est long **(B)**. Un doigt miroir de taille moyenne (c'est-à-dire normal) mesure environ 3 mm de moins que le doigt paon, la règle sera donc légèrement inclinée.

POUR LE DOIGT MUR

Le doigt mur dépasse généralement d'une demi-phalange le haut des doigts miroir et paon. Si vous tirez un trait entre les deux, vous verrez nettement si le mur est long. Plus d'une demi-phalange au-dessus de la ligne et le doigt est long **(C)**; moins d'une demi-phalange, il est court **(D)**.

POUR LE DOIGT ANTENNE

Sa taille se vérifie facilement en regardant s'il atteint la première pliure du doigt voisin. S'il la dépasse, c'est qu'il est long ; si son extrémité est bien en dessous, il est court **(E)**. Parfois, le doigt antenne est implanté assez bas sur la paume. Cela complique un peu les choses, car il peut sembler court, alors qu'il n'est simplement pas au même niveau. Pour le vérifier, regardez si la base du doigt paon est alignée sur la première pliure du doigt antenne. Si c'est le cas, c'est que ce dernier est implanté bas **(F)**, vous devez donc rajouter 1 cm à son extrémité et voir jusqu'où il monte.

Attitude rigide
Angle moyen normal
Ouverture, spontanéité et liberté
0
10
20
30
40
50
60
70
80
90

LA SOUPLESSE DES DOIGTS

Il est important de tester la souplesse des doigts, car c'est une indication d'agilité mentale et d'ouverture d'esprit.

Pour l'évaluer, prenez le poignet du consultant dans une main. Avec votre autre main, basculez délicatement ses doigts en arrière. S'ils bougent de 30 à 40 degrés, ce qui est la moyenne, il n'y a rien à en déduire. Mais il peut arriver que des doigts se plient presque à angle droit, ou qu'ils ne bougent pratiquement pas.

Des doigts qui se retournent peu ou pas sont révélateurs d'un niveau de stress élevé et persistant ; de psycho-rigidité ; d'un manque de spontanéité. La raideur digitale est signe de fixité des idées et d'une sensibilité refoulée. Cela peut être utile quand on doit respecter des procédures précises, mais le comportement risque d'être inflexible.

Des doigts hypersouples qui ploient à 60 degrés ou davantage sont la marque d'un tempérament plus impulsif. Il s'agit d'un individu spontané et libre, réceptif à toutes sortes d'idées nouvelles et dont l'esprit est ouvert et imaginatif. Cela peut toutefois indiquer une certaine instabilité, une tendance à changer constamment d'idée, de structure ou d'opinion.

LE DOIGT MIROIR

Il révèle l'image qu'on a de soi. Il exprime la fierté, l'ambition, l'estime de soi, les conceptions personnelles et le besoin d'affirmer ses valeurs et ses qualités dans le monde. Il est aussi associé au contrôle, au sentiment d'importance et aux responsabilités personnelles.

LONG

Si le doigt est long (même s'il ne dépasse que légèrement le doigt paon), il indique un fort besoin de contrôler les situations et les êtres. **Sur la main active**, c'est un signe classique d'autoritarisme et d'ambition, l'individu est un perfectionniste qui a peur de l'échec. **Sur la main passive**, c'est l'indication d'une enfance marquée par une conscience de soi précoce, une maturité et un sens des responsabilités survenus trop tôt.

COURT

Un doigt miroir beaucoup plus court que le doigt paon est révélateur d'un manque de confiance en soi et d'un sentiment de ne pas être à la hauteur. Plus le doigt miroir est court, moins l'image de soi est bonne, plus on a l'impression d'être la victime et non le moteur de son existence. Manque de réflexion et mauvais choix de vie sont souvent associés à cette morphologie. L'individu fuit les responsabilités et les redoute. **Sur la main passive**, c'est le signe d'un mauvais renforcement des capacités dans l'enfance, d'un manque d'autonomie et d'une personnalité peu affirmée. Le point positif est que la personne ne se prend pas trop au sérieux. **Sur la main active**, un doigt court indique une propension à se laisser facilement dominer par une personnalité plus forte.

MIROIR PENCHÉ

Lorsque ce doigt penche, c'est toujours en direction du doigt mur. Cette position traduit une tendance au conformisme et le sentiment que seule l'autorité d'autrui peut nous octroyer du pouvoir et de l'importance. On trouve souvent cet aspect chez le numéro deux dans une entreprise – quelqu'un de fiable, mais qui n'a peut-être pas la carrure suffisante pour diriger.

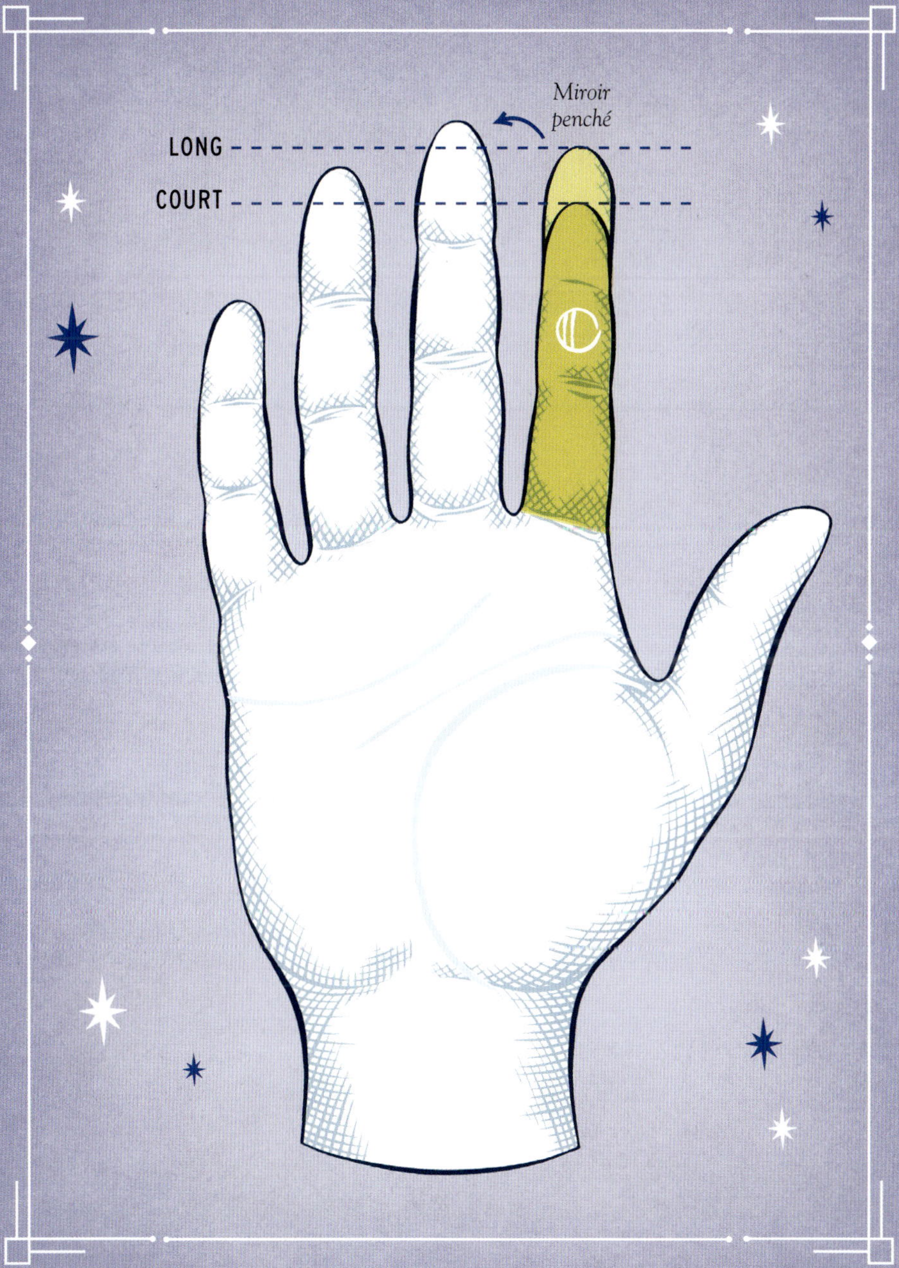
Miroir penché
LONG
COURT

LE DOIGT MUR

C'est le doigt le plus long; il parle de normalité, de stabilité, de valeurs et d'équilibre. Il représente les limites, les barrières et les constructions mentales qui confèrent un sentiment de légitimité. Le mode de vie, le choix d'un travail, la famille, les conventions, les règles, l'autorité, ainsi que les valeurs culturelles et religieuses sont associés à ce doigt.

LONG

Sur la main active, lorsque ce doigt est très long, l'attitude face au travail est responsable. On trouve cet aspect chez ceux ou celles qui exercent une profession exigeant des connaissances précises, avec de nombreux diplômes et qualifications. C'est toujours le signe d'un caractère sérieux. **Sur la main passive**, il est révélateur d'une famille « à l'ancienne », avec des valeurs traditionnelles ou religieuses fortement affirmées.

COURT

On a affaire à quelqu'un qui refuse obligations et contraintes; il y a probablement de la rébellion ou un certain rejet de la société. Cet aspect se trouve souvent chez des personnes qui choisissent de quitter leur pays et qui sont profondément anticonformistes. Elles ne supportent pas les règles de vie. Un doigt mur court se voit aussi chez des gens créatifs et excentriques, qui ont une manière innovante de faire les choses et une approche différente de la vie. **Sur la main passive**, c'est le signe de parents qui n'ont pas réellement établi de limites.

MUR PENCHÉ

Quand le doigt mur penche, c'est toujours en direction du doigt paon. Cela révèle quelqu'un qui peut s'avérer un mauvais juge en matière d'argent, de carrière ou par rapport à autrui. Cet aspect se rencontre souvent chez ceux qui cherchent toujours à échapper aux contraintes de la vie quotidienne et rêvent d'une existence agréable et légère.

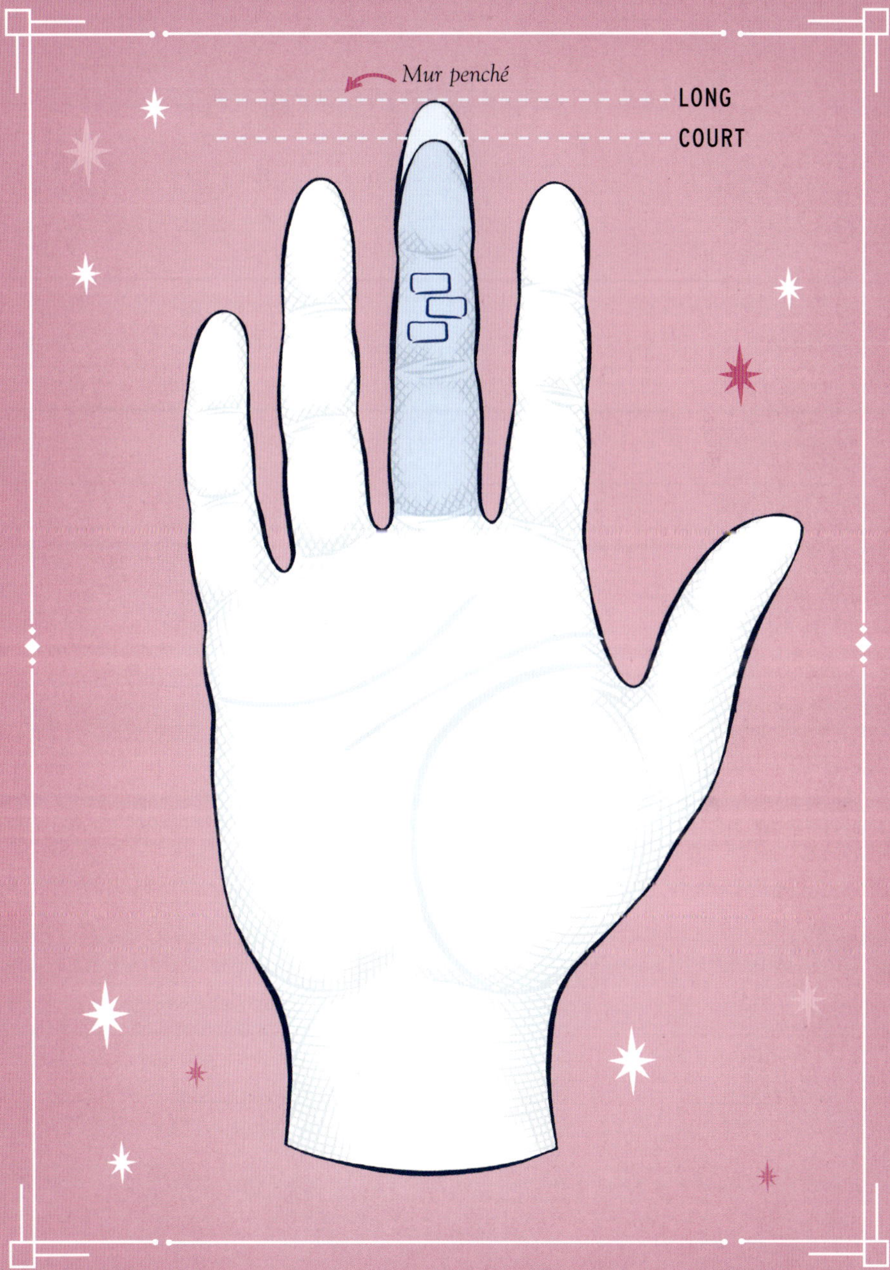
Mur penché
LONG
COURT

LE DOIGT PAON

Il donne la mesure de la personnalité ou de l'image publique d'un individu. Sur le plan psychologique, c'est cet instinct primitif qui pousse à se mettre en avant pour conquérir un partenaire. Il est aussi associé à tout ce qui touche au besoin de briller – savoir-faire, arts, sens esthétique, créativité, prouesses sportives, prise de risque, sens de la fête.

LONG

Un doigt long indique une personnalité extravertie qui aime se faire remarquer. Cet aspect se trouve chez les artistes, quelle que soit leur discipline. **Sur la main passive**, le doigt long traduit une soif d'attention dans l'enfance. **Sur la main active**, l'envie de se faire remarquer dans la vie professionnelle. Cette attitude cache souvent un sentiment d'insécurité, que renforce la relative petitesse du doigt miroir.

COURT

Un doigt paon court révèle que le besoin d'être respecté, la fierté, la maîtrise de soi et l'intégrité (les valeurs du doigt miroir) comptent beaucoup plus que la simple popularité. Cela n'empêche pas l'expression de la créativité ou des dons artistiques, mais la personne ne franchira pas certaines limites pour réussir.

PAON PENCHÉ

Lorsque ce doigt est penché, c'est toujours en direction du mur. Dans ce cas, le sens du devoir, le travail et la famille l'emportent sur l'expression personnelle et le plaisir. En conséquence, on peut se sentir victime ou avoir beaucoup de mal à justifier le fait de s'amuser.

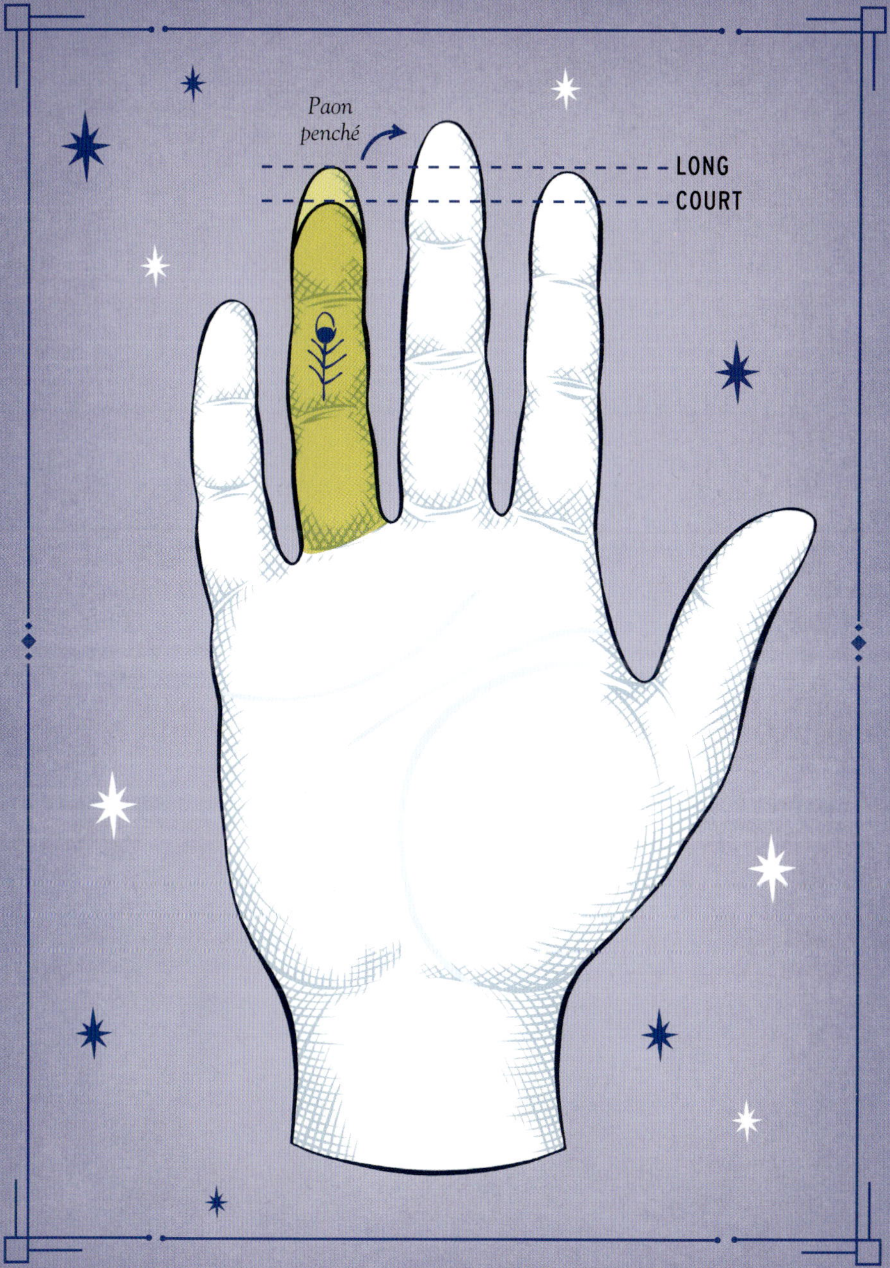
Paon
penché
LONG
COURT

LE DOIGT ANTENNE

Il est associé à l'aire du langage dans le cerveau. Il se rapporte aux capacités de communication, à la dextérité, la vivacité d'esprit, les compétences linguistiques, la sexualité et la diplomatie.

LONG

C'est le signe d'une aptitude à saisir les signaux et les informations, et à communiquer efficacement. Un doigt long dénote un amour des mots, une parole aisée, un esprit vif, de l'ironie et une sexualité raffinée. **Sur la main passive**, cet aspect montre qu'on a appris à lire et écrire tôt. **Sur la main active**, on réussit dans le domaine du commerce, du marketing, de la publicité, de l'écriture, de l'enseignement et de l'audiovisuel.

COURT

Quand ce doigt est court, le langage est souvent brutal ou direct. La personne parle peu, manque d'éloquence, manie mal l'ironie et la plaisanterie. L'humour est facile et sans grande subtilité. **Sur la main passive**, il dénote de probables difficultés dans l'apprentissage de l'écriture.

IMPLANTATION BASSE

Tous les enfants ont un doigt antenne implanté bas. À la puberté, le doigt remonte quand le corps produit des hormones sexuelles comme la testostérone ou les estrogènes. Toutefois, pour environ 20 % de la population, ce doigt ne prend une position normale sur aucune des deux mains. Ce peut être l'indication potentielle d'un certain retard dans la maturité émotionnelle, mais aussi dans la maîtrise du langage et la scolarité. C'est un aspect classique chez ceux dont l'intérêt pour les études s'éveille sur le tard.

ANTENNE PENCHÉE

Si le doigt antenne penche, c'est toujours vers le doigt paon. Cette position indique un individu doué pour le maniement des mots – un beau parleur ou un diplomate.

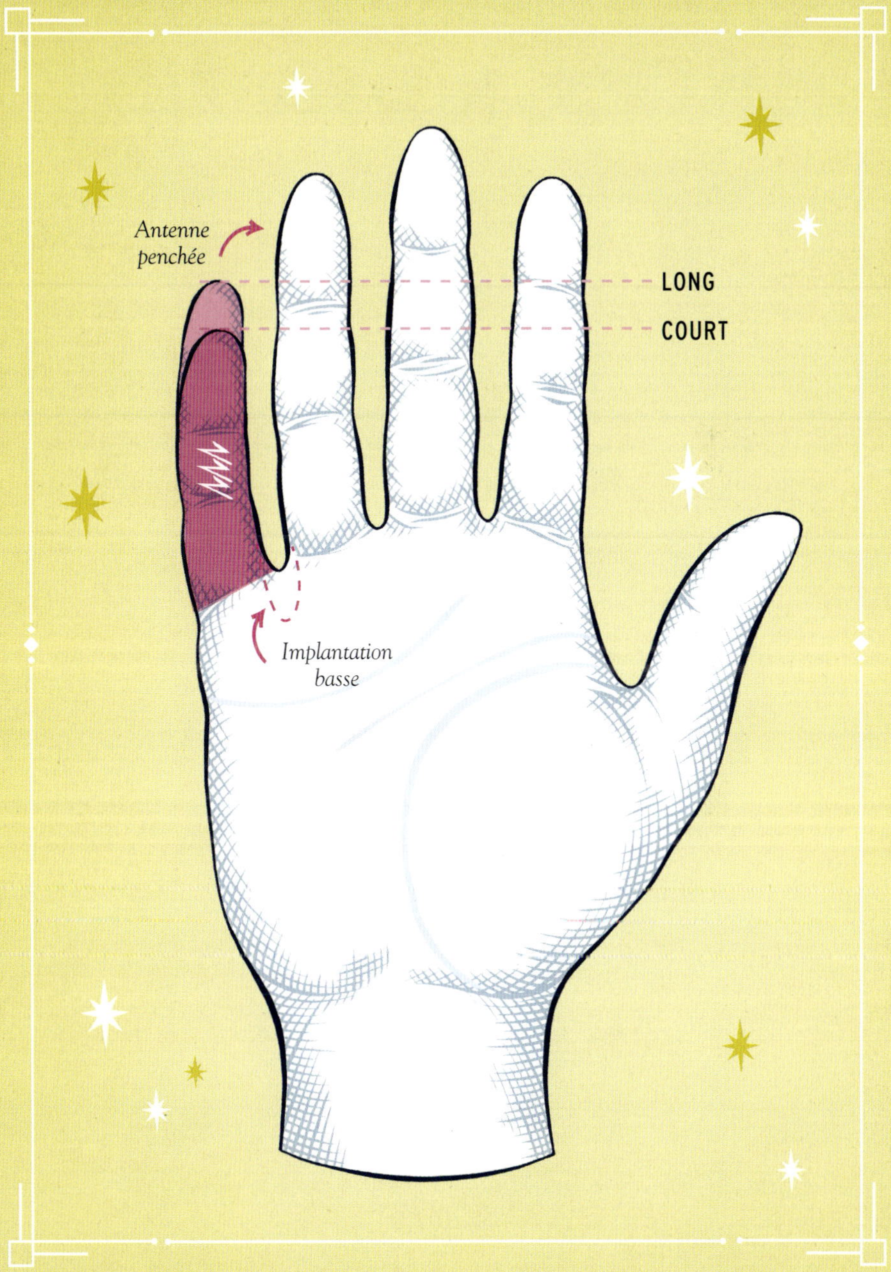
Antenne
penchée
LONG
COURT
Implantation
basse

LES EMPREINTES DIGITALES

C'est assez récemment que la chiromancie a commencé à s'intéresser à l'étude des empreintes digitales. Si la police s'en sert depuis longtemps comme moyen d'identification, les empreintes sont également très révélatrices de la personnalité.

L'extrémité de chaque doigt et du pouce comporte une empreinte sur la face intérieure. Si personne n'a les mêmes, on peut toutefois les classer en **six grandes catégories** : boucle cubitale, tourbillon, arc simple, boucle radiale, arc en tente et boucle composée.

La boucle cubitale est le motif le plus commun (on le trouve sur environ 70 % des doigts dans le monde). En ce sens, il est considéré comme peu significatif, puisqu'il révèle des dispositions normales, dans la moyenne.

En revanche, les cinq autres motifs, moins répandus, sont tenus pour beaucoup plus importants. Ces empreintes sont comme de petits diagrammes de nos ondes cérébrales, elles révèlent les méandres de nos pensées. Elles ne dévoilent pas ce que nous pensons, mais plutôt **comment nous pensons et assimilons l'information.** Chaque empreinte modifie l'interprétation de la personnalité en fonction du doigt sur lequel elle se trouve.

À RETENIR

Regardez si une empreinte intéressante (à l'exclusion de la boucle cubitale) figure ou non sur le même doigt des deux mains. C'est très révélateur de la différence entre le moi profond et la personnalité extérieure.

LA BOUCLE CUBITALE

LE TOURBILLON

Le tourbillon est un marqueur d'individualité. Ce motif de spirale qui s'enroule en cercles serrés révèle une personnalité qui peut être sujette à certaines obsessions, dont les pensées tournent en boucle.

◆ **Sur le pouce**, il est le signe de quelqu'un qui préfère agir seul, prend des initiatives, a une approche originale du but à atteindre.

◆ **Sur le doigt miroir**, il indique un profil individualiste, qui a besoin d'espace et n'a pas de sentiment d'appartenance à un groupe. Intimité et jardin secret sont ses maîtres mots.

◆ **Sur le doigt mur**, il signale une personnalité attirée par des idéaux et des philosophies anticonformistes.

◆ **Sur le doigt paon**, c'est une marque d'originalité artistique, de goûts flamboyants et d'un œil d'esthète.

◆ **Sur le doigt antenne**, il signifie le choix d'un partenaire d'âge, de culture ou de classe sociale différents. Il indique aussi un esprit à tendance obsessionnelle.

MOTS-CLÉS
Inventivité, secret et originalité

L'ARC SIMPLE

Il ressemble à une série de chevrons aplatis. Il indique un esprit pragmatique, fixe et une tendance au refoulement.

◆ **Sur le pouce**, ce motif révèle de la détermination, du sens pratique et une approche directe face à un objectif à atteindre.

◆ **Sur le doigt miroir**, il est le signe de quelqu'un qui a un grand besoin de sécurité et à qui l'on peut faire confiance. C'est aussi l'indication d'un esprit pragmatique.

◆ **Sur le doigt mur**, la famille et la sécurité sont au centre des préoccupations ; on choisit une profession stable et bien payée, dans un domaine concret.

◆ **Sur le doigt paon**, on aime l'art et l'artisanat, les goûts sont simples et naturels et on cherche à développer ses aptitudes physiques.

◆ **Sur le doigt antenne**, la personne recherche un partenaire très physique, charnel et passionné.

MOTS-CLÉS
Besoin de sécurité, fiabilité, personnalité solide comme le roc

LA BOUCLE RADIALE

On l'appelle parfois boucle du soin, car on la trouve souvent chez des personnes qui s'occupent des autres. C'est une boucle cubitale inversée, dont l'ouverture est dirigée vers le pouce.

◆ **Sur le pouce**, elle révèle l'esprit d'équipe, le sens du service et une capacité à se fondre dans la masse. On réussit en travaillant avec les autres.

◆ **Sur le doigt miroir**, elle signale une hypersensibilité aux besoins d'autrui, la volonté de prendre soin, de nourrir et de faire plaisir. Trop soucieuse de satisfaire les autres, la personne peut facilement s'oublier elle-même. C'est aussi la marque d'une grande sensibilité aux critiques.

◆ **Sur le doigt mur**, ce motif révèle un amour pour les voyages et les cultures différentes, et une capacité à s'oublier dans d'autres traditions, religions, ou dans une vocation.

◆ **Sur le doigt paon**, l'individu veut impressionner les autres, refuse de se laisser abattre. D'apparence optimiste et souriant, il refoule ses besoins profonds.

◆ **Sur le doigt antenne**, il indique une personne qui cherche à faire plaisir à son partenaire avant de penser à soi.

MOTS-CLÉS

Très à l'écoute,
sensibilité, gentillesse

L'ARC EN TENTE

L'arc en tente forme un motif en pointe, révélateur d'un esprit enthousiaste, inventif et passionné.

◆ **Sur le pouce**, ce motif indique de brusques élans d'enthousiasme qui retombent rapidement. L'énergie est à éclipses et l'activité s'en ressent.

◆ **Sur le doigt miroir**, c'est la marque d'un personnage théâtral, charismatique, un leader-né ; quelqu'un qui saisit au vol les idées nouvelles. Il y a toujours de l'impatience et un besoin de stimulation.

◆ **Sur le doigt mur**, c'est une vocation, le désir de mener une vie excitante, et une fascination pour de nouvelles formes, cultures ou disciplines qui permettent de se transformer.

◆ **Sur le doigt paon**, c'est un goût du spectaculaire, des vêtements chics, et le besoin d'être sous les feux de la rampe.

◆ **Sur le doigt antenne**, c'est la marque de la passion, de l'inventivité dans la sphère de l'intime, d'une sexualité libre et de l'envie de vivre des expériences.

MOTS-CLÉS

Enthousiasme, exagération, charisme

L'EMPREINTE COMPOSÉE

C'est une sorte d'empreinte double, avec deux boucles inversées qui s'enroulent l'une dans l'autre. Elle est le signe d'un esprit changeant, incertain et mobile.

◆ **Sur le pouce**, c'est un indicateur d'une personne qui ne sait pas comment atteindre ses objectifs. Elle peut aussi agir impulsivement ou par à-coup.

◆ **Sur le doigt miroir**, c'est le signe d'un individu capable d'aborder un problème sous plusieurs angles à la fois, qui comprend le point de vue de l'autre.

◆ **Sur le doigt mur**, cela révèle un besoin d'adopter deux modes de vie.

◆ **Sur le doigt paon**, c'est la marque de quelqu'un ouvert à toutes les formes d'art, mais sans parvenir à trouver sa propre forme d'expression.

◆ **Sur le doigt antenne**, s'engager dans une relation est difficile. On a besoin de garder toutes les options ouvertes.

MOTS-CLÉS

Indécision, esprit d'analyse, équité

LIGNE DE CŒUR
LIGNE DE TÊTE
LIGNE DE VIE
LIGNE DE DESTIN

3

SUIVRE LES LIGNES

CE QU'IL FAUT SAVOIR SUR LES LIGNES DE LA MAIN

Arrivé à ce stade, vous avez probablement compris que la lecture des lignes n'intervient qu'en second lieu, après en avoir appris un peu plus sur la personnalité grâce à la forme de la main, au grain de la peau, à la longueur des doigts et aux empreintes digitales. En dehors de ce contexte, l'interprétation des lignes n'a aucun sens.

Il y a quatre **lignes majeures** : de vie, de cœur, de tête et de destin. Sous une forme ou une autre, elles sont quasiment présentes dans toutes les mains. Il existe aussi des **lignes mineures**, beaucoup moins marquées, de formes très variées ou absentes (en particulier sur les peaux épaisses).

Les lignes ne sont pas fixes. Elles se modifient progressivement, grandissent, se brisent et se reforment tout au long de la vie. Ce sont des fleuves d'énergie, qui reflètent la vitalité d'une personne. Quelqu'un avec des lignes profondes, rouges et très marquées sera vigoureux, énergique et passionné. En revanche, des lignes striées, faibles, brisées ou mal dessinées révéleront un manque de vigueur, de l'indécision et un caractère complexe.

La terminaison des lignes majeures est très importante. Si elles partent toutes des mêmes points dans la paume, elles finissent de manière extrêmement différente.

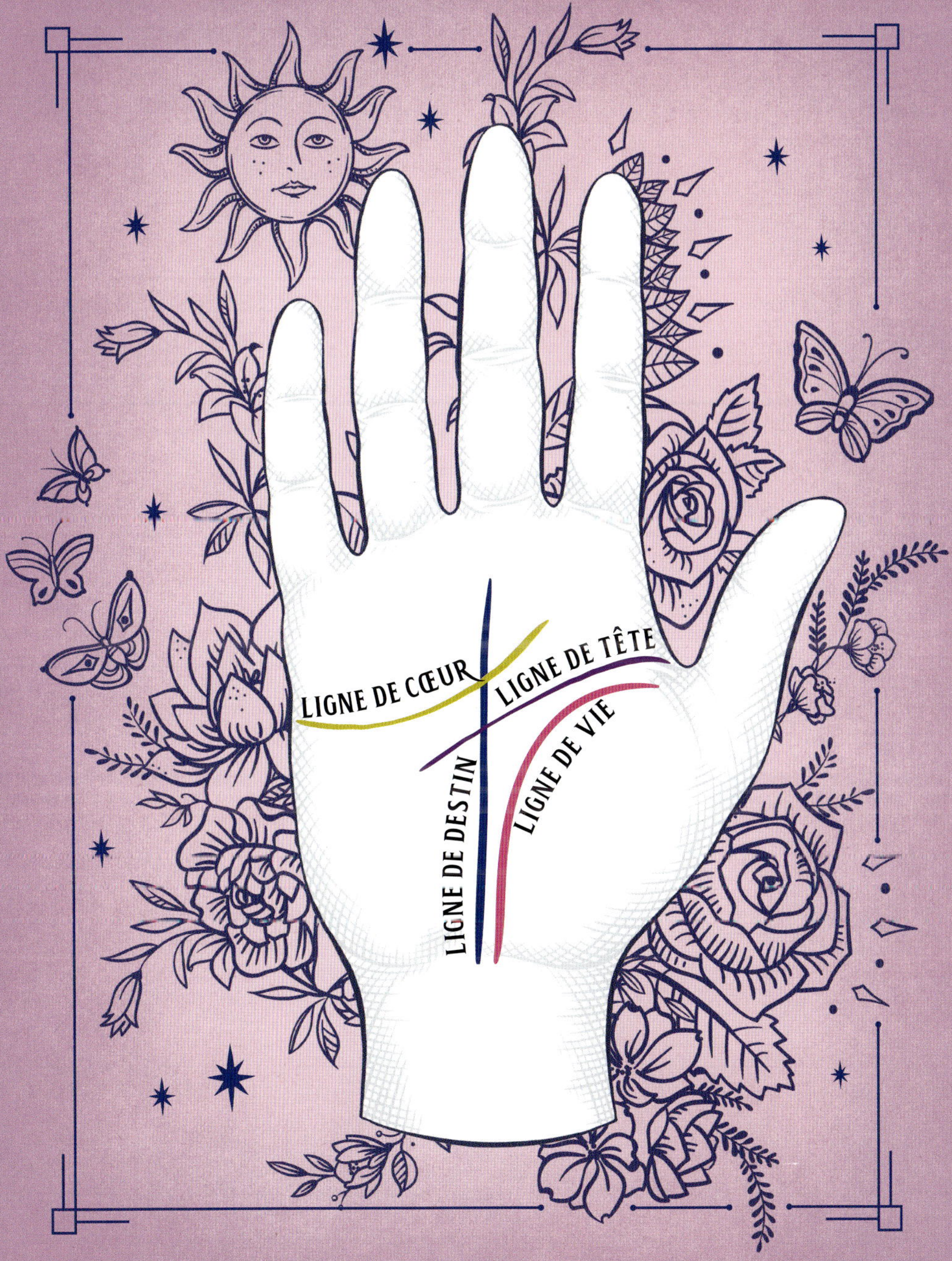

LIGNE DE CŒUR
LIGNE DE TÊTE
LIGNE DE VIE
LIGNE DE DESTIN

LE TEMPS

Le temps modifie la main de deux manières. Il y a d'abord des changements physiques liés au développement cérébral dans l'enfance, puis les altérations dues au vieillissement. Mais les lignes de la main reflètent aussi le cours général de la vie et peuvent subir ainsi de profondes transformations du début jusqu'à la fin.

LES CHANGEMENTS CHRONOLOGIQUES DE LA PAUME

- **Chez les bébés**, la paume est carrée et les doigts sont très souples ; les lignes sont peu nombreuses et assez courtes.
- **Entre 6 et 8 ans**, la main prend la forme qui sera la sienne (tortue, tigre, faucon ou serpent, voir pages 22 à 31). Les lignes deviennent plus nombreuses et changent rapidement, la densité des crêtes papillaires et la texture de la peau se précisent (soie, papier, rugueuse ou très rugueuse, voir pages 34-35). Les doigts commencent aussi à se développer les uns par rapport aux autres.
- **Vers la vingtaine**, les doigts ont atteint leur taille et leur forme définitives et les lignes majeures tendent à se stabiliser.
- **Avec l'âge**, les doigts commencent à s'incliner vers le centre (le doigt mur) ; la peau s'affine (plus proche de la texture soie) ; les lignes se multiplient et sont plus prononcées.

LES LIGNES ET LES DATES

Chez un adulte, lorsque les lignes majeures sont pleinement développées, vous pouvez approximativement les diviser en périodes de temps. L'origine d'une ligne majeure marque le début de la vie et sa terminaison signale la fin du cycle.

La ligne de vie suivant toujours la même direction, le plus souvent sans manques, il est relativement facile de la diviser en **segments de dix ans.** Si, par exemple, vous y repérez un embranchement ascendant à environ un quart de distance du début (soit vers 25 ans), il est fort probable qu'un changement soit survenu vers cet âge ; peut-être un départ de la maison.

Évitez toutefois de prédire quoi que ce soit en vous basant sur le premier quart des lignes, c'est-à-dire avant que le consultant ait 25 ans, car des changements interviennent souvent avant que ce repère soit atteint.

LES LIGNES TRAVERSANTES

Il arrive que l'une des lignes majeures divise la paume de part en part, verticalement ou horizontalement. Le fait est assez rare, mais très significatif. Il indique une personnalité sujette à certaines obsessions, obstinée et excessive.

AVEC LA LIGNE DE VIE

Si un embranchement très marqué, partant de la ligne de vie, prolonge celle-ci vers le haut de la paume, c'est souvent la marque d'un individu obsédé par sa forme, un passionné de fitness ou de musculation qui cherche la perfection à tout prix. Cet aspect se trouve chez les adeptes de chirurgie esthétique particulièrement assidus, les mordus de sport, les athlètes et les fous de régimes. Les risques de surmenage et de blessures sont élevés.

AVEC LA LIGNE DE CŒUR

Si la ligne de cœur traverse la paume de part en part, c'est le signe d'une grande empathie, on donne sans compter, on se dévoue aux autres, on consacre toute son énergie à une cause, une personne ou une profession de soins. Bien que l'individu soit capable d'amour, les relations personnelles peuvent en souffrir, car cet altruisme mobilise toute l'énergie affective.

AVEC LA LIGNE DE DESTIN

Une ligne de destin qui traverse la paume de bas en haut révèle un besoin impérieux de travailler et de servir. Avec un sens du devoir particulièrement développé, on s'épanouit dans les obligations et les responsabilités.

AVEC LA LIGNE DE TÊTE

Une ligne de tête allant d'un bord à l'autre de la paume indique un esprit bouillonnant, mais facilement distrait. Cette configuration, souvent la marque d'une grande intelligence, aurait aussi été associée au trouble du déficit de l'attention et à la dyslexie. L'esprit va toujours de l'avant, explorant le lointain.

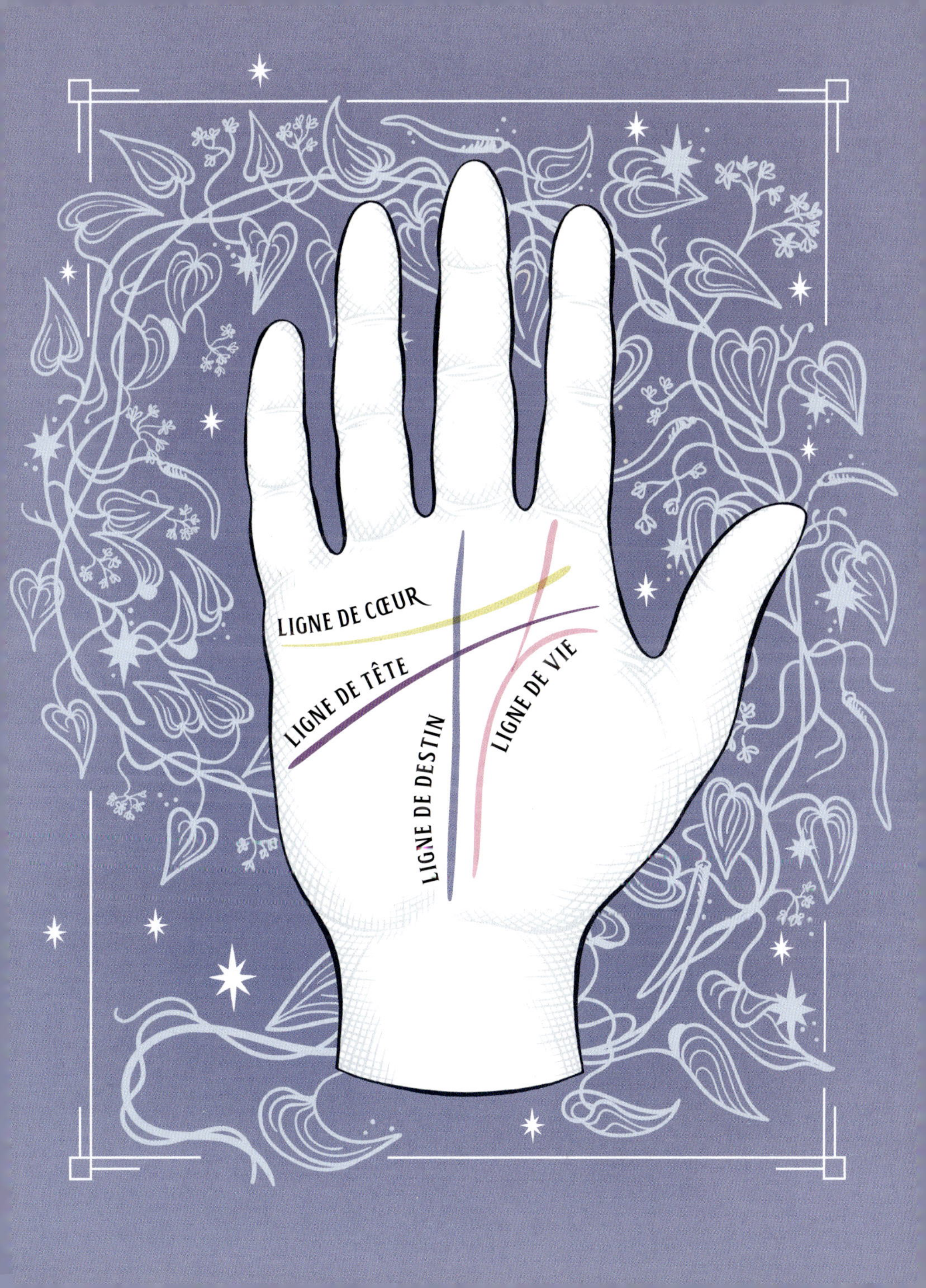

LIGNE DE CŒUR
LIGNE DE TÊTE
LIGNE DE DESTIN
LIGNE DE VIE

LA LIGNE DE VIE

La ligne de vie est celle qui engendre le plus de craintes et de superstitions, la tradition l'associant à la durée de la vie. Rassurez-vous, cette ligne n'a rien à voir avec le nombre d'années de votre existence !

L'élément qui la gouverne est **la terre** et sa métaphore, **la racine**, parce qu'elle concerne l'aptitude à **rester ancré, fixe et stable**. Elle parle de vitalité physique, de besoin de sécurité, de la famille et du sentiment d'être connecté à la terre. Souvenez-vous, la ligne se trouve dans le quadrant palmaire de la famille, du foyer et du corps, ceci expliquant cela.

Elle commence à mi-chemin du pouce et de l'index et se termine à la base de la paume, en formant un demi-cercle autour du mont de Vénus. **Plus elle est profonde**, marquée et longue, plus on a d'énergie, d'endurance et d'ancrage, plus on est capable de se soutenir et d'avoir un mode de vie stable et solide. **Plus la ligne est courte**, faible et peu marquée, plus les bases sont fragiles, moins il y a de racines et de vitalité.

Sur la main passive, une ligne de vie faible indique une enfance instable, peu sécurisante, sans règles ni routines. **Sur la main active**, il y a des risques de burn out, car on n'a pas assez de vitalité pour mener une vie normale. Ce peut être aussi le signe d'une carence en minéraux, cette ligne racine concernant également le système digestif et sa capacité d'absorption des nutriments.

À RETENIR

La ligne de vie des nouveau-nés est toujours courte, leur système digestif étant immature et en cours de développement.

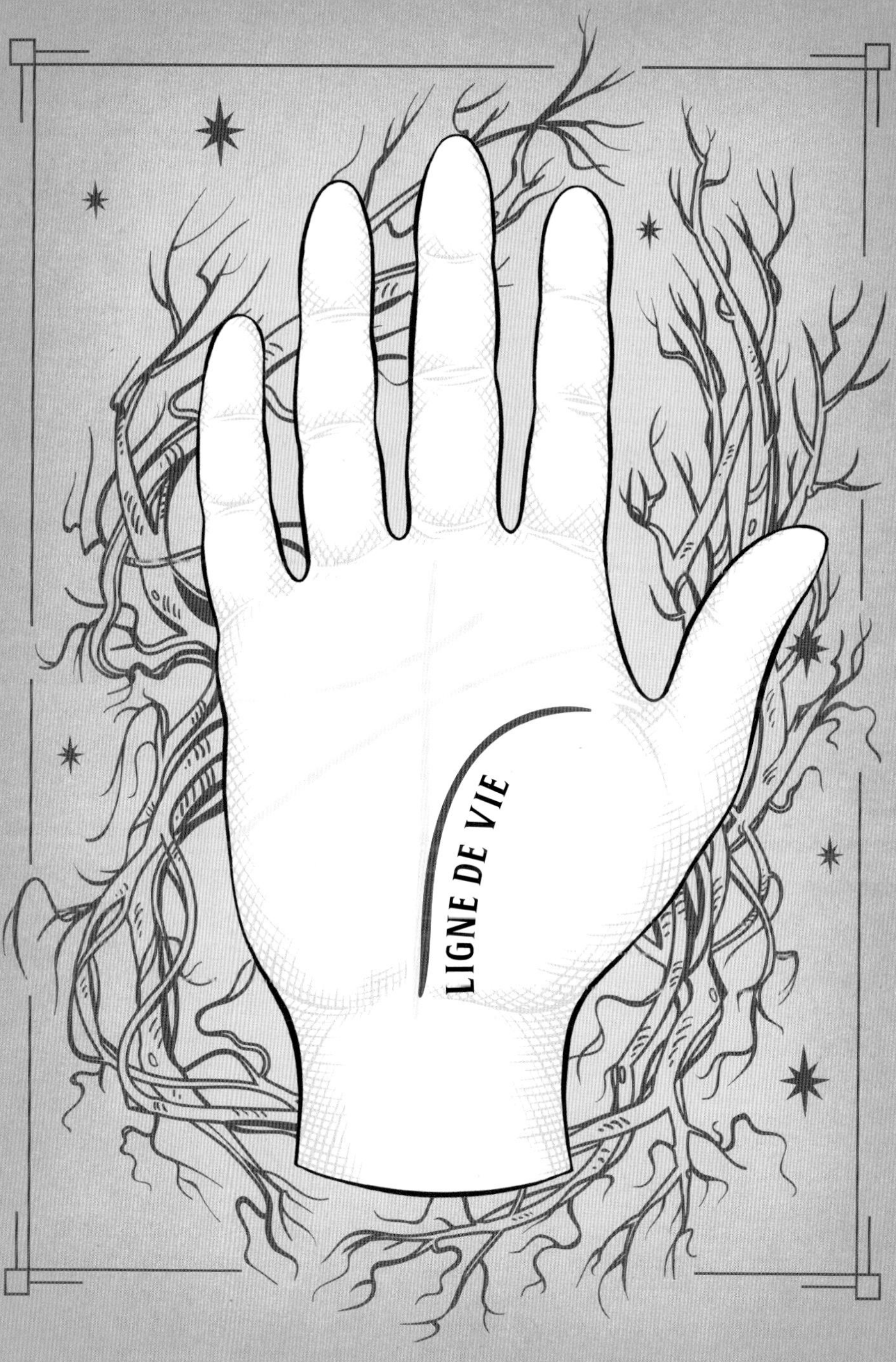
LIGNE DE VIE

LIGNE DE VIE : COMMENCEMENT

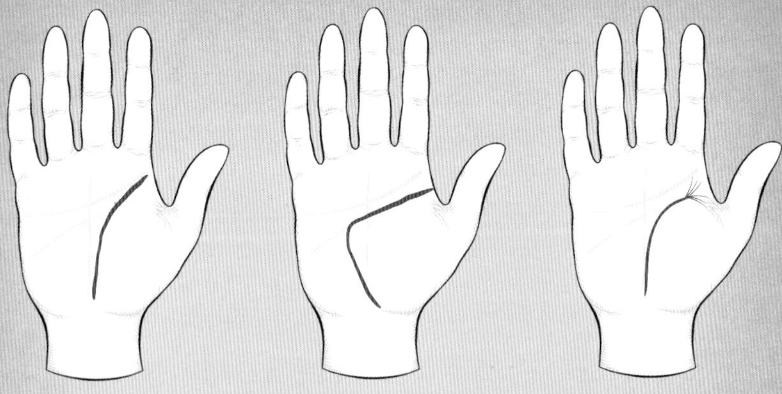

HAUTE

Une ligne de vie qui démarre haut est signe d'ambition ; on se donne les moyens d'atteindre ses objectifs. Sur la main passive, cette position indique une bonne naissance, dans une famille aux standards très élevés. L'éducation est généralement très présente. Sur la main active, elle est révélatrice d'un fort esprit de compétition.

MOTS-CLÉS

Ambitieux, standards élevés, conquérant, compétiteur

TRÈS ÉCARTÉE DU POUCE

Une ligne qui s'éloigne énormément du pouce révèle une énergie explosive, une envie de mordre la vie à pleines dents. Cet aspect suggère de l'enthousiasme, le besoin d'aventure et souvent un don pour la musique. Il exprime la joie de vivre, on le trouve chez les artistes, et chez tous ceux qui ont un don ou une passion – surtout si la ligne est profonde et rouge.

MOTS-CLÉS

Passion, aventure, musique

FOURCHUE

Quand la ligne de vie commence par une seule ou plusieurs fourches, c'est comme si on prenait deux ou trois faux départs. Sur la main passive, il peut s'agir de débuts difficiles dans la vie. Le foyer et les attachements sont précaires. Sur la main active, il y a un rejet de s'établir et le besoin de se réserver beaucoup d'options. C'est toujours le signe de quelqu'un qui refuse de se laisser enfermer.

MOTS-CLÉS

Esprit libre

LIGNE DE VIE : LONGUEUR

TRÈS COURTE

Chez les nouveau-nés, la ligne de vie est toujours très courte (la moitié de la circonférence du mont de Vénus). À partir de 12 mois, elle grandit au fur et à mesure que l'intestin grêle et le gros côlon s'allongent et arrivent à maturité. Elle atteint la base de la paume vers 10 ans. Parfois, la ligne ne se développe pas complètement sur l'une ou l'autre main, ce qui est un signe d'instabilité dans le foyer.

MOTS-CLÉS
Instabilité

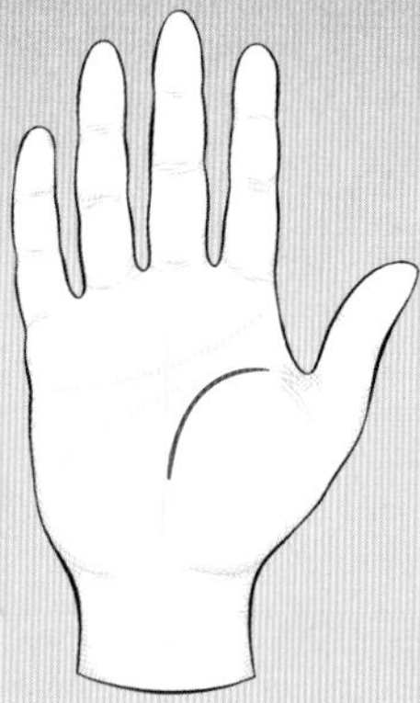

TROIS QUARTS DE LA LONGUEUR

Quand la ligne s'arrête au trois quarts de sa longueur, cela peut être lié à des problèmes physiques profondément enracinés ou à un sentiment d'insécurité. La personne a un tel besoin de sécurité qu'elle choisit un travail très stable ou s'attache à un(e) partenaire fiable.

MOTS-CLÉS
Insécurité, survie, santé

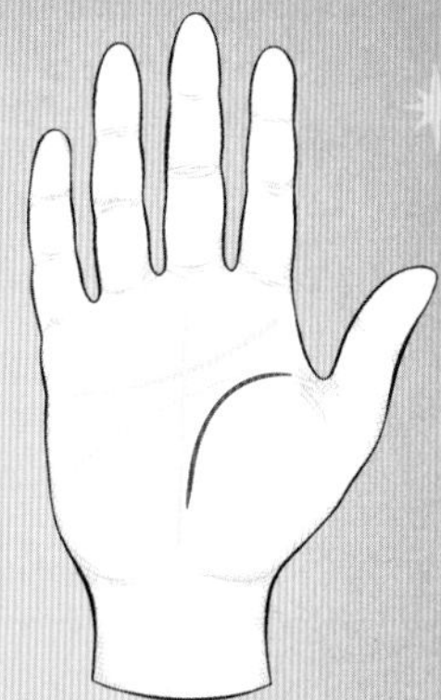

ABSENCE DE BASE

Une absence de base sur la ligne de vie est révélatrice d'un manque de racine, d'ancrage, et de sens pratique. On saisit les occasions qui se présentent ou on se lance dans des aventures sans assurer ses arrières. En général, quand la ligne est courte sur l'une des mains, on compense en choisissant un(e) partenaire ou une carrière plus stable.

MOTS-CLÉS
Manque de racines, opportunité

LIGNE DE VIE : QUALITÉ

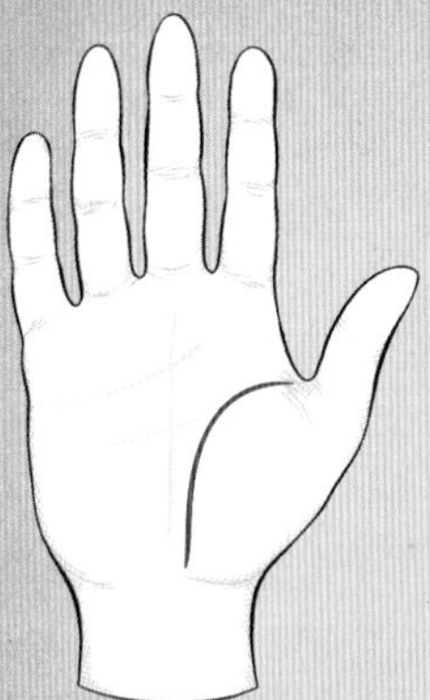

PROFONDE ET ROUGE

Une ligne de vie profonde et rouge dénote une forte énergie, une bonne vitalité, de l'endurance et des ressources. On met beaucoup de cœur et de détermination dans tout ce qu'on fait. Plus la ligne est marquée, plus il y a de force vitale et de volonté.

MOTS-CLÉS
Énergie, détermination

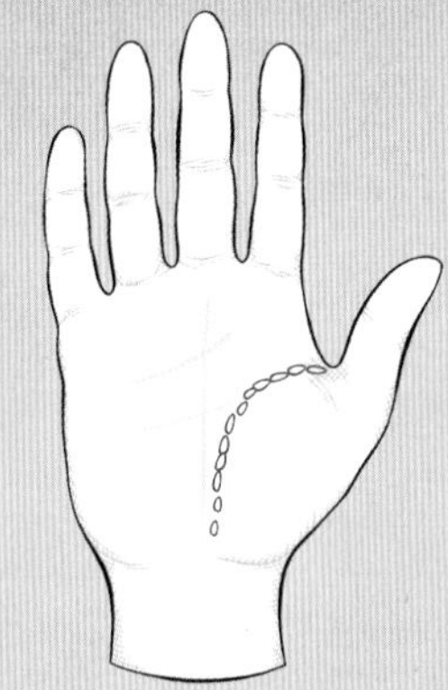

ÎLES ENCHAÎNÉES

Une ligne composée d'une série d'îles ou de bulles indique une santé fragile – la personne ne se sent jamais vraiment en forme, son énergie est capricieuse et vacillante. En conséquence, elle aime le luxe et les routines réconfortantes. Sur la main passive, ce peut être le signe de nombreuses maladies dans l'enfance et d'une mauvaise alimentation.

MOTS-CLÉS
Fragilité, énergie faible

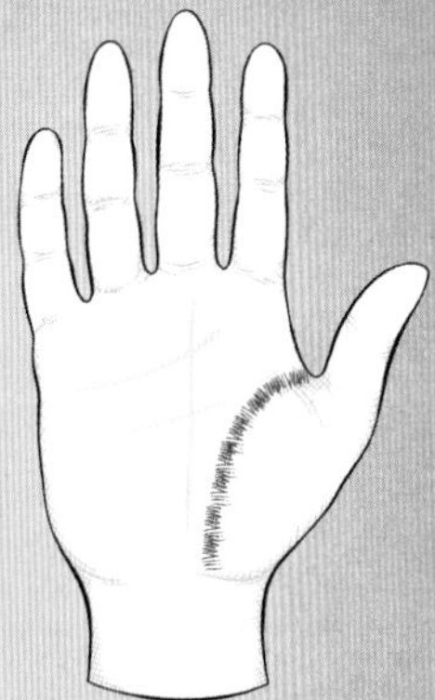

LIGNE STRIÉE

De nombreuses striures sur la ligne indiquent de nouveaux départs dans l'existence. Imaginez quelqu'un qui change constamment de mode de vie. Sur la main passive, c'est la maison qu'on réarrange et qu'on redécore perpétuellement. Sur la main active, on modifie sa routine fitness à tout bout de champ pour suivre la dernière mode.

MOTS-CLÉS
Erratique, inventif

LIGNE DE VIE : TERMINAISON

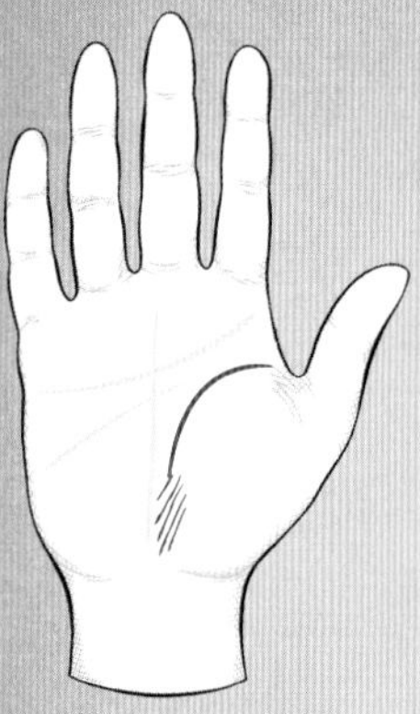

LIGNE PARACHUTE

Il s'agit d'une série de petites obliques superposées qui viennent terminer la ligne de vie. C'est le signe notoire de quelqu'un qui s'impose dans la vie des autres ou se passionne pour une culture ou un pays différent du sien.

MOTS-CLÉS

Instable, fouineur

LIGNE DU VOYAGE

Une ligne de vie qui se termine par une fourche dénote un amour des voyages et de l'aventure, le désir de se confronter à d'autres univers pour pimenter la vie. Sur la main passive, les influences étrangères et les goûts artistiques s'expriment dans la famille et la maison. Sur la main active, cet aspect révèle une forte attirance pour le changement et l'aventure.

MOTS-CLÉS

Goût de l'aventure

LIGNE EN RETRAIT

Il arrive que la ligne forme un arc très incurvé, avec un retour final vers le mont de Vénus. Ce type de configuration est révélateur d'une personne qui veut se retirer du monde et trouver un endroit paisible, un refuge. Sur la main active, cet aspect se rencontre souvent chez ceux qui recherchent une communauté spirituelle ou qui aspirent à une existence plus tranquille. Sur la main passive, c'est probablement l'idée de retour à la nature qui séduit.

MOTS-CLÉS

Spirituel, serein, écologique

LA LIGNE DE CŒUR

La ligne de cœur concerne l'affectivité, les émotions, le rapport à la vie, à la compassion, aux autres, aux animaux, à la musique et aux arts, et le sentiment de ne faire qu'un avec toute chose.

L'eau est l'élément dominant de la ligne de cœur, et sa métaphore, **le fleuve**. Cette ligne représente en effet le flot des sentiments et des émotions qui nous parcourt. Elle indique comment nous les gérons et y réagissons.

Sa profondeur et sa continuité sont révélatrices de l'intensité et de la force de nos affects. Une personne dont la ligne de cœur est **peu marquée et faible** n'aura peut-être pas une vie émotionnelle très riche et exprimera peu ses sentiments. En revanche, si la ligne est **profonde et forte**, les réactions émotionnelles seront intenses.

Les gens avec une ligne de cœur dominante ont tendance à être d'éternels enfants, irrationnels et pensant au plaisir avant tout, ayant toutes les difficultés à gérer des émotions comme la colère, la passion ou l'excitation – avec les conséquences qu'on imagine à l'âge adulte.

LIGNE DE CŒUR

LIGNE DE CŒUR : COMMENCEMENT

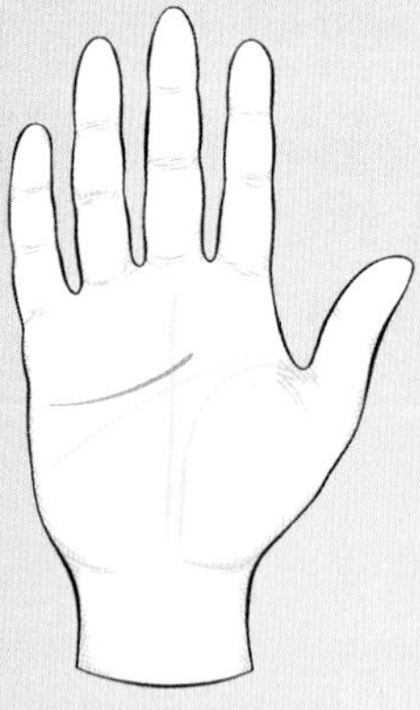

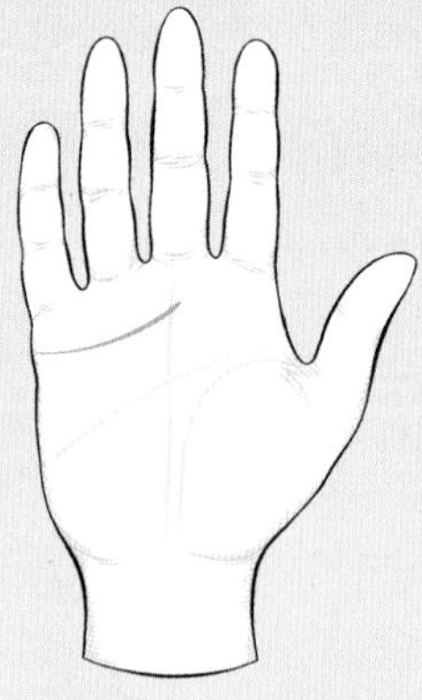

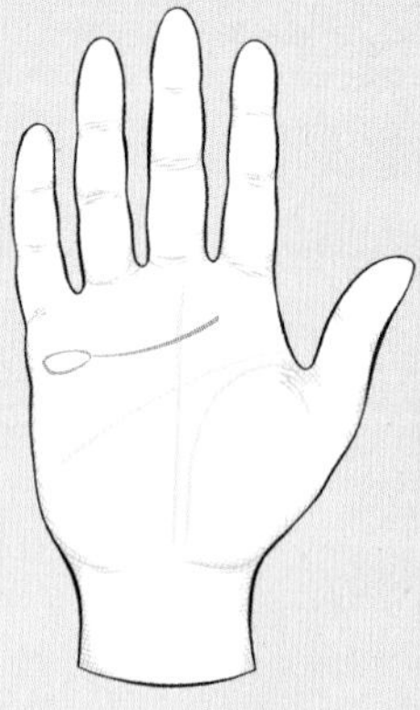

IMPLANTÉE BAS

Il arrive que la ligne de cœur soit implantée beaucoup plus bas que la normale, touchant presque la ligne de tête. Les émotions sont alors profondément enfouies. Cet aspect est courant chez les personnes qui doivent dissimuler leurs réactions, en particulier dans le monde professionnel. Cette ligne de cœur basse est la marque d'un individu secret, difficile à connaître intimement.

MOTS-CLÉS

Secret, réservé

HAUT PLACÉE

Quand la ligne de cœur est placée haut dans la main, juste sous le petit doigt, émotions et sentiments sont à fleur de peau, on a tendance à surréagir. Cet aspect est révélateur d'une personne qui cherche des émotions fortes, des expériences grisantes.

MOTS-CLÉS

Réactivité, intensité

COMMENÇANT PAR UNE ÎLE

Sur la main passive, une île au début de la ligne de cœur indique une difficulté potentielle du tout petit enfant à établir un lien avec ses parents ou ceux qui s'occupent de lui. Sur la main active, c'est le signe d'un individu hésitant et peu sûr de lui dans les premiers temps d'une rencontre. Des problèmes de confiance sont possibles, quel que soit le type de relation.

MOTS-CLÉS

Méfiance, hésitation

LIGNE DE CŒUR : LONGUEUR

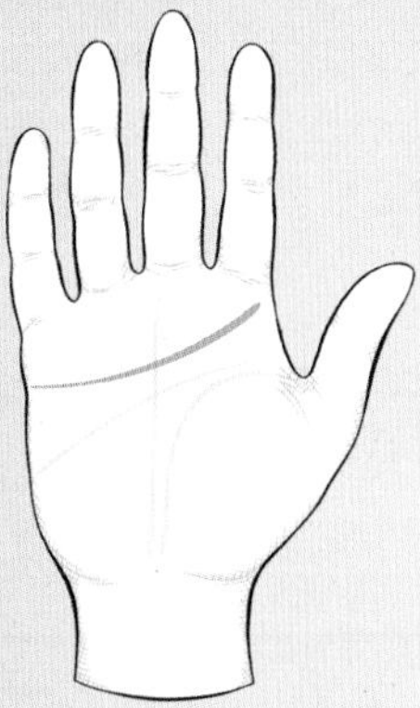

LONGUE

Elle traduit un entourage fait de nombreux amis et une grande aptitude à aimer, donner et ressentir. Plus elle est longue, plus on cherche à répondre aux besoins d'autrui. Cet aspect se traduit par une grande fidélité en amitié, de la gentillesse et une belle capacité à supporter les aléas des relations. Les personnes choisissent souvent des partenaires qui dépendent d'elles d'une certaine manière.

MOTS-CLÉS
Esprit grégaire, aimant, aimable

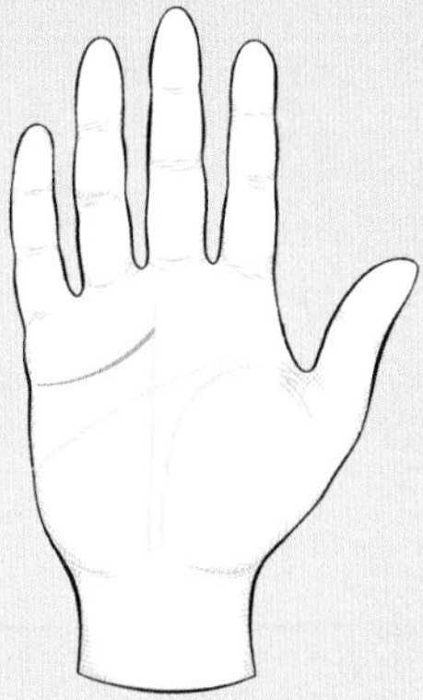

COURTE

Quand la ligne de cœur est courte, les amis sont généralement peu nombreux et le cercle social est restreint. Il y a peu, voire pas, de besoin d'établir des contacts ou d'avoir des échanges en dehors de la famille ou d'un petit groupe. C'est souvent la ligne de quelqu'un qui aime la solitude et qui s'entend souvent mieux avec les animaux qu'avec les gens.

MOTS-CLÉS
Introspection, amour des animaux

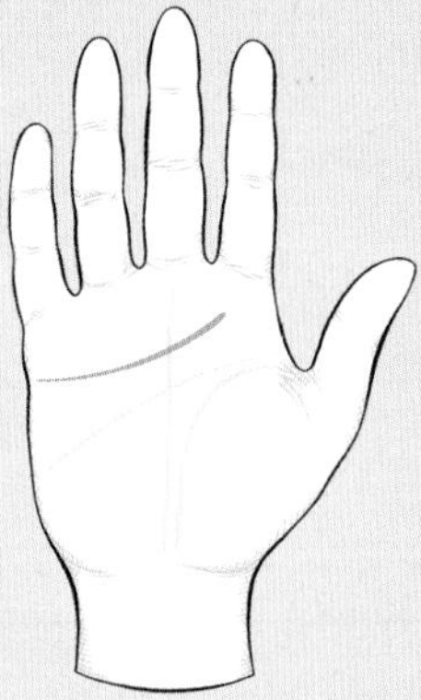

SE TERMINANT ENTRE LES DOIGTS MIROIR ET MUR

Ce type de ligne indique un bon équilibre entre conscience de soi et générosité. On ne se laisse pas accaparer par les autres, tout en restant ouvert aux relations sociales et aux échanges affectifs.

MOTS-CLÉS
Équilibre, stabilité

LIGNE DE CŒUR : QUALITÉ

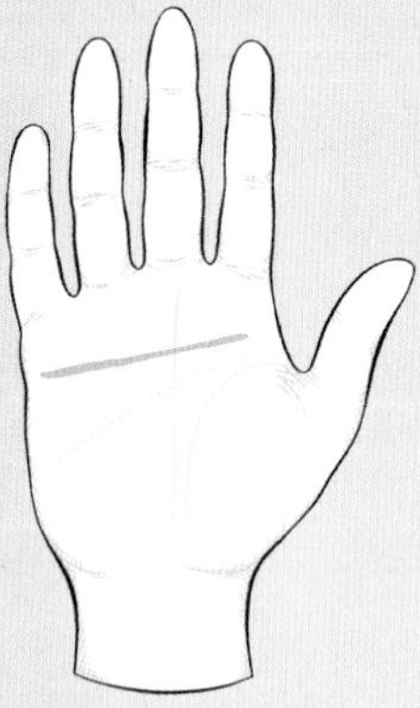

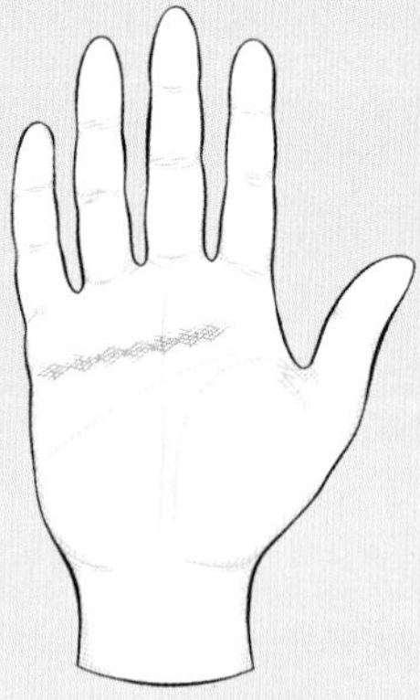

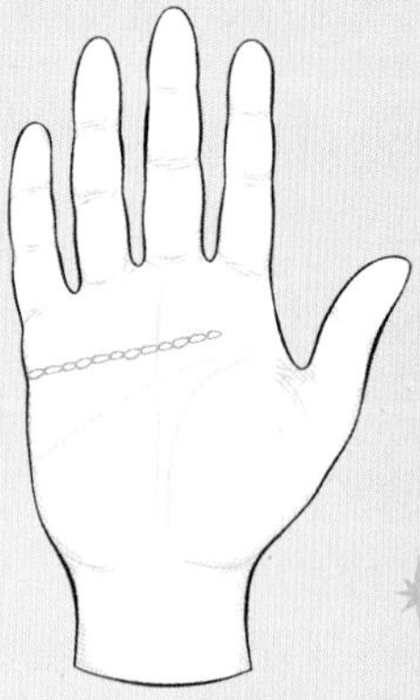

PROFONDE, ROUGE ET DROITE

Une ligne de cœur profonde, en particulier si elle est droite, traduit une attitude directe et peu compliquée sur le plan émotionnel. Ce n'est pas l'aspect le plus subtil, la personne est attirée par les partenaires les plus immédiatement disponibles. Les passions sont fortes, surtout quand la ligne est très marquée, mais il est possible de perdre tout contrôle sous le coup d'une émotion.

MOTS-CLÉS

Subtilité faible, émotivité

FIL DE FER BARBELÉ

Quand la ligne est sinueuse, barrée de nombreux petits traits, les émotions sont contenues et indécises. C'est le signe d'un caractère renfermé. Cet aspect en fil de fer barbelé étrangle l'expression franche des sentiments, on reste sur la réserve. Il faut encourager la personne à s'ouvrir et à faire davantage confiance, elle a besoin qu'on la pousse à s'exprimer.

MOTS-CLÉS

Réticence,manque de confiance

ÎLES ENCHAÎNÉES

Les émotions sont souvent bouillonnantes. La personne a du mal à savoir ce qu'elle ressent. Avec une telle ligne, les sentiments peuvent rester en surface et être changeants. Il est difficile de s'engager pleinement. On adore les relations passionnées, mais l'enthousiasme dure peu et on passe vite à l'expérience suivante.

MOTS-CLÉS

Désordre émotionnel, passionné

LIGNE DE CŒUR : TERMINAISON

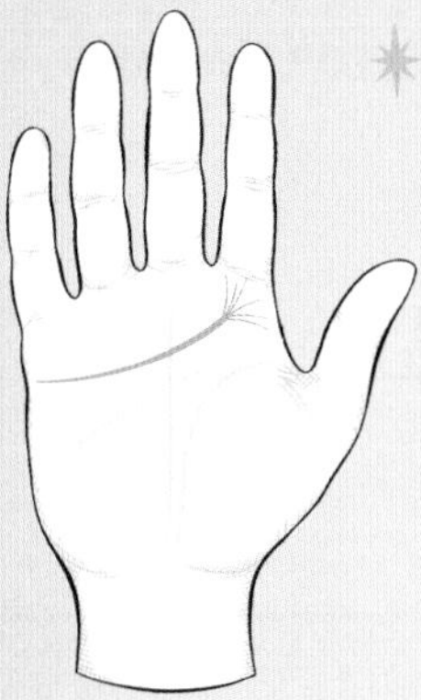

RAMIFIÉE

Terminaison typique d'une capacité à établir de nombreuses relations avec toutes sortes de personnes. C'est le signe classique de la séduction, de l'individu charmant qui sait se mettre au diapason de tous ceux qu'il rencontre. Avec cette ligne de cœur, on a beaucoup d'amis et dans tous les milieux.

MOTS-CLÉS

Amical, charmeur, sociable

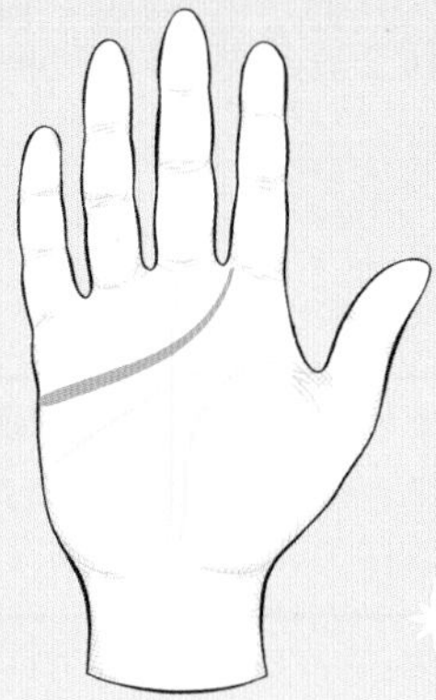

INCURVÉE VERS LE HAUT

Cet aspect, qui évoque un peu le mouvement d'un jet d'eau, traduit un jaillissement d'émotions. C'est le signe d'un optimisme romantique. On a confiance en l'avenir et les relations suscitent de grands espoirs. Plus la ligne est incurvée, plus ces sentiments s'expriment. Cet aspect indique que la personne a une vision très genrée d'elle-même, les femmes sont particulièrement féminines et les hommes très virils.

MOTS-CLÉS

Optimiste, romantique

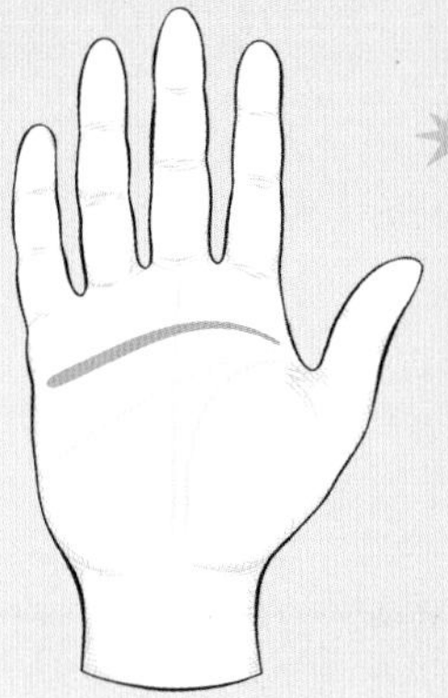

INCURVÉE VERS LE BAS

Les porteurs d'une telle ligne sont des sentimentaux, assez possessifs, pour qui les relations peuvent rapidement devenir sources d'inquiétude. Quand la ligne est très fortement inclinée vers le bas, on refuse de se conformer aux stéréotypes sexuels. C'est souvent le signe d'une peur de l'échec. Malgré une assurance visible, il y a toujours la crainte secrète d'être perdant en amour. Quand cet aspect est présent, on a besoin que l'autre nous rassure et montre des preuves de sa fidélité.

MOTS-CLÉS

Manque d'assurance, vulnérabilité

LES LIGNES SIMIENNES

Une ligne simienne traverse horizontalement la paume et apparaît à la place d'une ligne de cœur absente. Vous la verrez rarement.

Une ligne simienne résulte de la fusion entre la ligne de cœur et la ligne de tête. Cet aspect très inhabituel ne se rencontre que chez 1 % de la population. Ce peut être le signe d'un tempérament refoulé et obsessionnel.

Dans la mesure où elles sont renfermées et laissent rarement filtrer leurs sentiments, il est très difficile de savoir ce que ces personnes ressentent ou pensent vraiment. Mental et émotions étant confondus, elles se lancent à fond dans l'action, infatigables et avec une extraordinaire puissance de travail. Même si l'énervement ou l'épuisement ne transparaissent pas, la tempête gronde intérieurement. Cette énergie intériorisée les pousse à travailler beaucoup plus que les autres, mais elles doivent aussi trouver un bon exutoire pour se détendre.

Avec une ligne simienne, tout changement brutal est difficile, car le caractère est extrêmement fixe. Mais les personnes dotées d'une détermination, d'un sang-froid et d'une énergie hors du commun sortent généralement du lot. Pensées et sentiments étant indissociables, elles ont parfois du mal à admettre un autre point de vue que le leur. Facilement blessées, elles refoulent profondément leur rancœur.

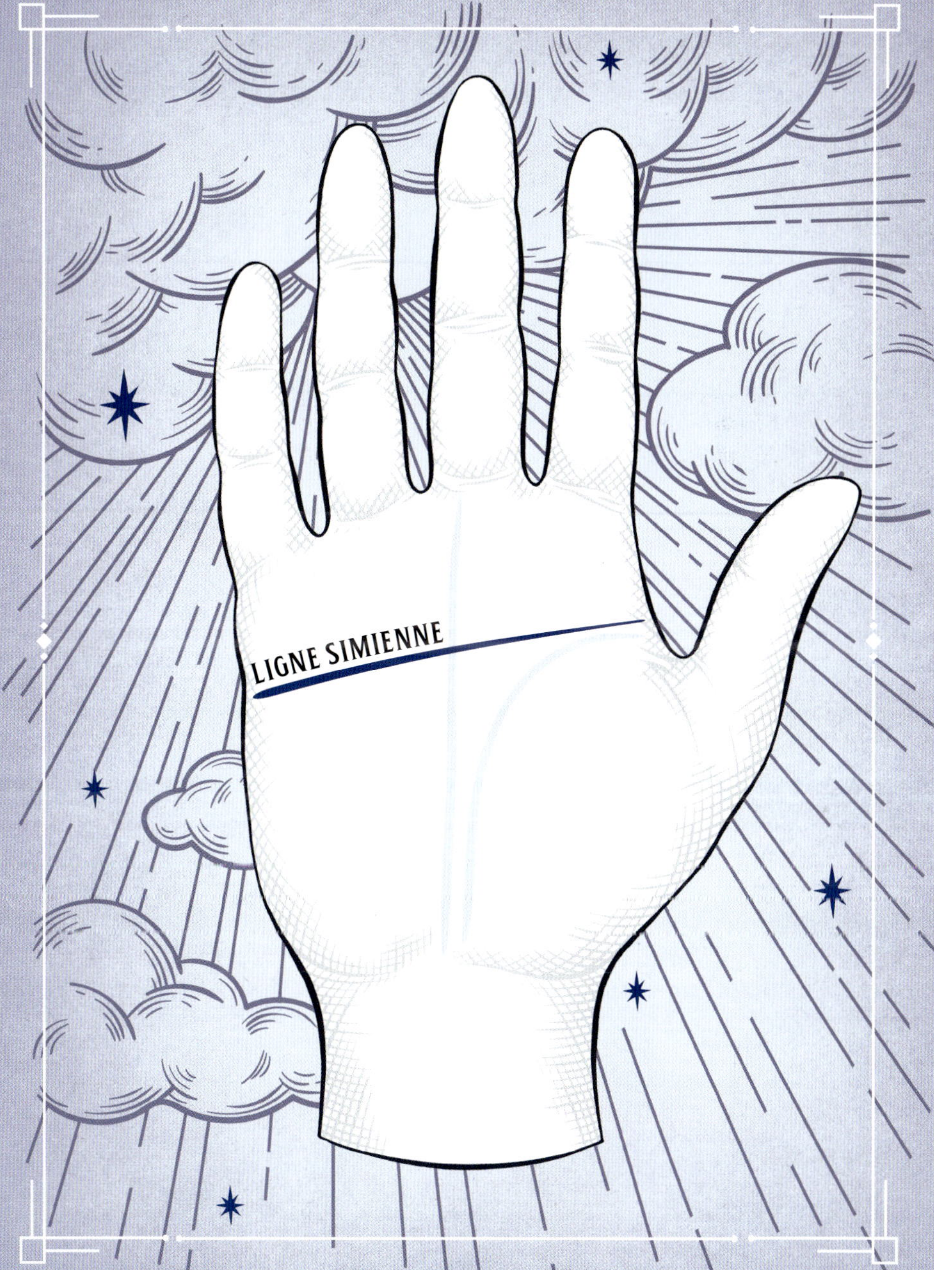
LIGNE SIMIENNE

LA LIGNE DE DESTIN

La chiromancie traditionnelle donne de nombreux noms à la ligne de destin. On parle de ligne du chemin de vie, de Saturne ou de ligne du travail. Elle est difficile à identifier, parce que sa forme est variable : elle est souvent fragmentée et, dans bien des cas, elle n'apparaît que vers l'âge de 20 ans.

Cette ligne est dominée par l'élément **feu**, car elle parle de choix de carrière, d'objectifs de vie, de vraies valeurs et d'autodétermination. Elle nous éclaire sur notre trajectoire et nos choix de vie, et nous aide à comprendre qui nous sommes et ce que nous voulons.

Sur la main passive, elle parle du caractère et de l'attitude envers la famille. Sur la main active, elle donne des indications sur la carrière et les objectifs de vie. Plus cette ligne est fragmentée et lente à se former, plus le développement de la personnalité est tardif.

Une ligne profonde et bien dessinée dénote des buts et des valeurs affirmés, et un tempérament fort. **Quand elle est faible**, c'est un signe de fragilité mentale ; on peut être attiré par des mouvements sectaires, poursuivre des buts peu recommandables, ou ne jamais savoir qui l'on est vraiment. Cette ligne, qui est associée à la colonne vertébrale, symbolise l'épine dorsale de la personne.

À RETENIR

Souvenez-vous que cette ligne verticale traverse toujours la paume de bas en haut pour finir vers le doigt mur – ce qui la rendra plus facile à repérer.

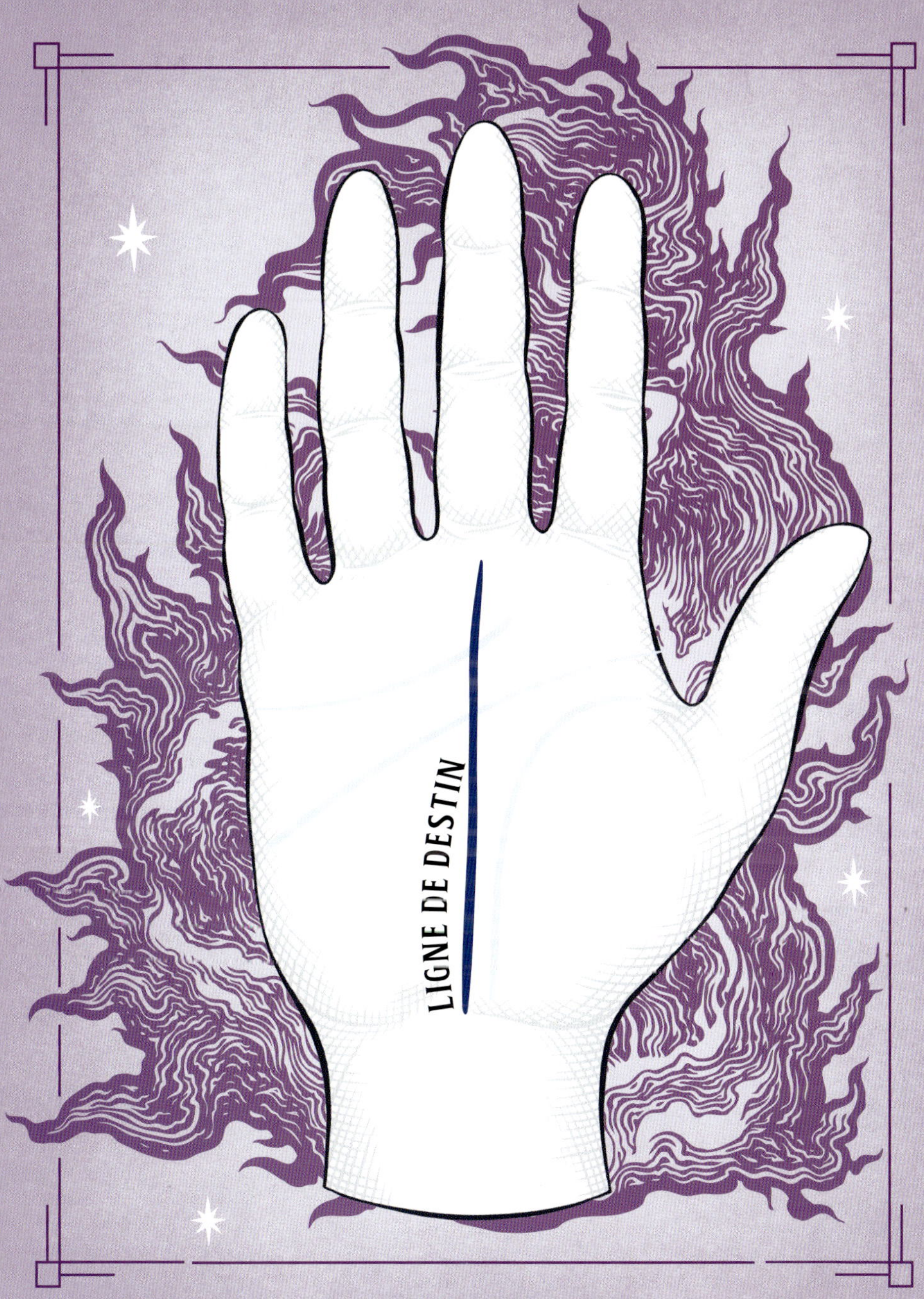
LIGNE DE DESTIN

LIGNE DE DESTIN : COMMENCEMENT

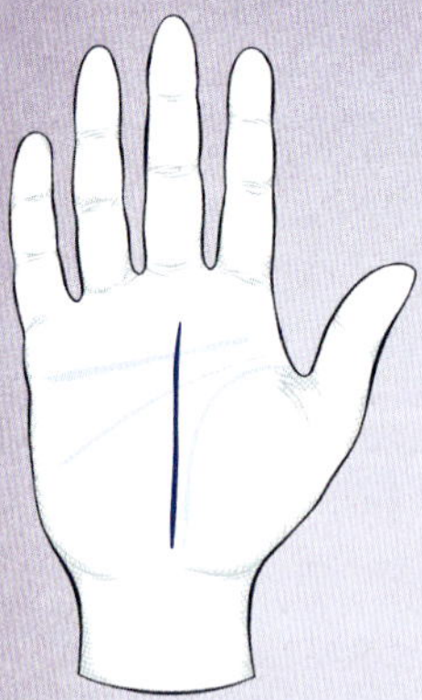

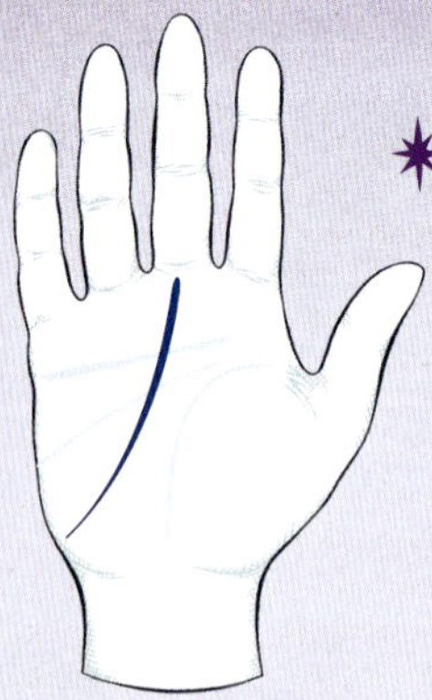

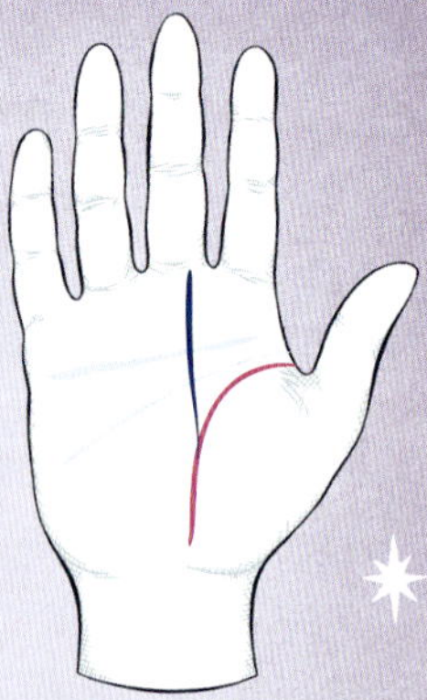

AU MILIEU ET EN BAS DE LA PAUME

Son meilleur point de départ se situe au milieu et en bas de la paume. Sur la main passive, c'est le signe de quelqu'un qui est et a toujours été lucide avec lui-même, qui s'est développé et a eu très tôt le sens des responsabilités. Sur la main active, la personne est équilibrée, elle a des objectifs précis et fuit les extrêmes.

MOTS-CLÉS
Assurance, équilibre

DANS LA MER DU SUBCONSCIENT

Si la ligne démarre dans la mer du subconscient (voir Les quadrants de la paume, pages 32-33), relations sociales, accomplissement personnel et adaptation passent au premier plan. Sur la main passive, on a besoin de trouver sa propre voie dans la vie. Sur la main active, elle indique un état naturellement bon et beaucoup de sociabilité. En général, les habitudes de travail évoluent et changent constamment.

MOTS-CLÉS
Sociabilité, adaptabilité

JOINTE À LA LIGNE DE VIE

Quand elle démarre sur la ligne de vie, la trajectoire de vie correspond aux attentes parentales. Elle est basée sur la sécurité, le besoin de soutenir la famille et un désir de stabilité. Sur la main passive, ce sont la famille et les valeurs traditionnelles qui comptent. Sur la main active, cet aspect indique beaucoup de temps passé à se former et à acquérir des qualifications. Les choix de vie sont pragmatiques et motivés par le désir de sécurité, le sens du devoir passe avant tout.

MOTS-CLÉS
Pragmatisme, sécurité, sens du devoir

LIGNE DE DESTIN : LONGUEUR

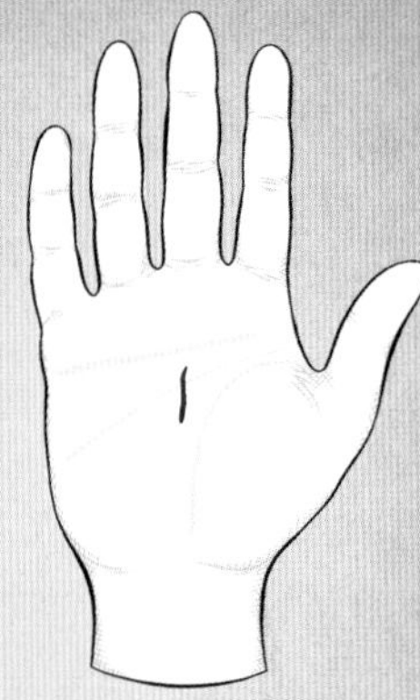

LONGUE

Plus elle est longue, plus le sens des responsabilités est fort et plus la personnalité est stable.

La longueur est un signe de passion et de dévouement au travail. La ligne est souvent longue sur la main passive et courte sur la main active. Dans le cas inverse (courte sur la main passive et longue sur la main active), la vocation prend le pas sur les responsabilités familiales. Très longue, on est obsédé par le travail.

MOTS-CLÉS

Dévouement, engagement

COURTE

Bien souvent, la ligne démarre très haut au milieu de la paume, près de la ligne de tête sur les deux mains. C'est le signe d'une maturité tardive, d'un sens des valeurs qui se forme lentement.

MOTS-CLÉS

Maturité tardive

TRÈS COURTE OU ABSENTE

Il arrive qu'on rencontre une ligne de destin très courte, commençant aux environs de la ligne de cœur, ou qu'elle soit totalement absente. Si tel est le cas sur les deux mains, la personne ne s'accomplira que très tardivement dans la vie. Sur la main passive, l'absence de cette ligne est la marque de quelqu'un qui n'a jamais vraiment grandi et dont le développement psychologique est incomplet.

MOTS-CLÉS

Jeunesse de cœur, inaccomplissement

LIGNE DE DESTIN : QUALITÉ

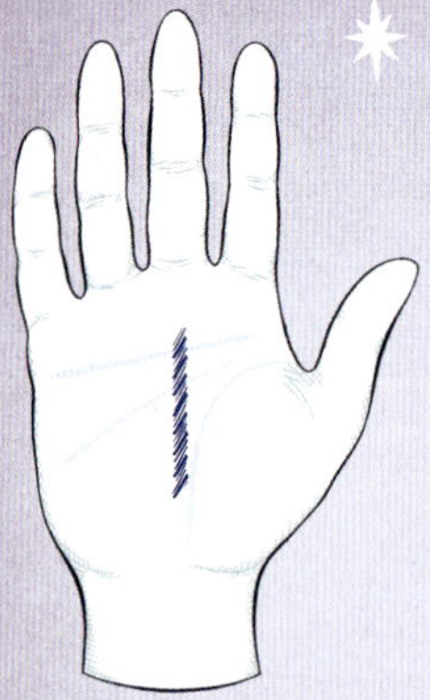

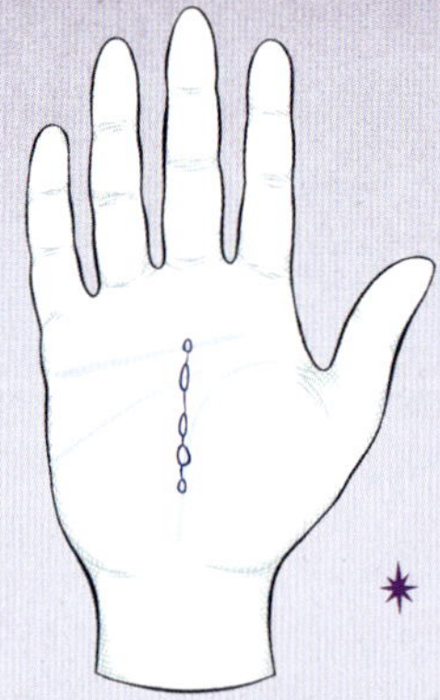

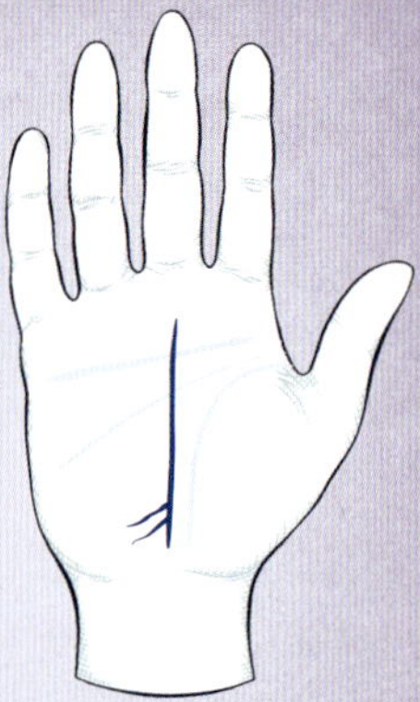

SÉRIE DE PETITES LIGNES

Une ligne de destin hachurée, striée, est le signe de gros efforts et de grandes réussites. Cet aspect est, néanmoins, révélateur d'une personnalité en proie à des luttes intérieures qui peuvent s'avérer douloureuses. Sur la main passive, l'individu se donne énormément de mal pour être un étudiant, un fils, une fille ou un parent parfait.

MOTS-CLÉS

Consciencieux, travailleur acharné

ÎLES SUR LA LIGNE

La présence d'îles sur la ligne peut indiquer de longues périodes de stagnation dans le travail. Sur la main passive, on s'investit peu et on a du mal à faire son chemin. Quand il n'y a qu'une île, c'est le signe d'un manque de persévérance et de détermination dans la poursuite des choix de vie. On peut avoir le sentiment que rien n'a d'importance, ne pas être assez motivé pour réussir.

MOTS-CLÉS

Manque de motivation, faiblesse

LIGNES REJOIGNANT LA LIGNE

Quand une ligne rejoint la ligne de destin, c'est souvent le signe d'une nouvelle influence bénéfique dans la vie. Sur la main passive, une relation importante ou quelqu'un de puissant se manifeste et donne un nouvel élan à l'existence. Sur la main active, c'est la marque d'une bifurcation vers des centres d'intérêt plus personnels.

Parfois, des traits relient ligne de destin et ligne de vie, indication de promotions importantes et d'influences familiales.

MOTS-CLÉS

Nouvelles relations, opportunités

LIGNE DE DESTIN : TERMINAISON

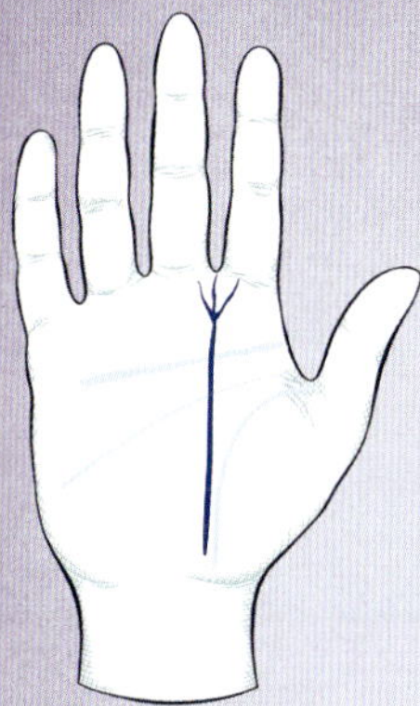

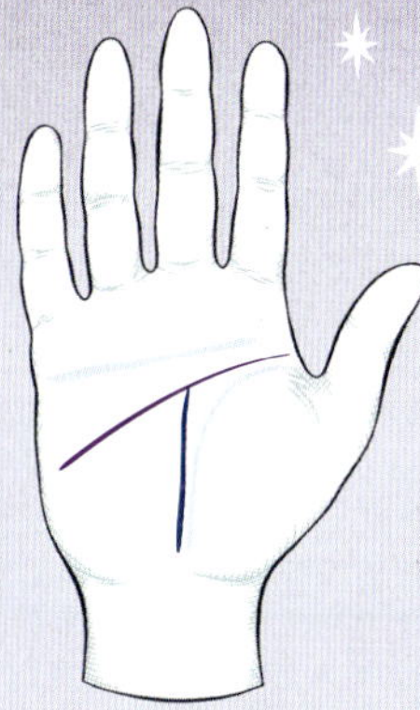

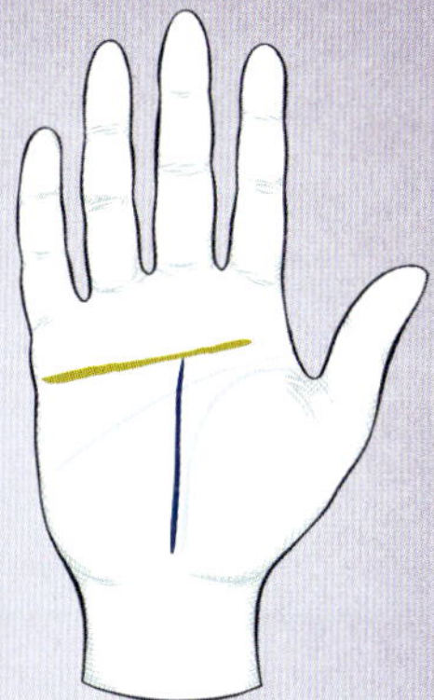

EN FOURCHE OU EN TRIDENT

Une ligne de destin se terminant par une fourche ou un trident révèle des dons ou des talents exceptionnels. C'est un signe très positif qu'on associe à une réussite brillante dans toutes sortes de domaines. Bien que cet aspect soit rare, vous vous apercevrez qu'il se trouve généralement chez des gens talentueux et entreprenants, qui travaillent dur pour se développer et se perfectionner. C'est le signe d'une progression et d'un renouvellement constants.

MOTS-CLÉS

Réussite, talent

À LA LIGNE DE TÊTE

Cette fin précoce signifie qu'à l'âge approximatif où la ligne s'arrête, la personne a trouvé une méthode pour continuer à travailler en déléguant ou en s'investissant moins. Sur la main passive, le curseur se déplace du travail vers la famille, sur la main dominante, vers des loisirs et des intérêts personnels.

MOTS-CLÉS

Intérêts personnels, famille, loisirs

À LA LIGNE DE CŒUR

Le porteur de cet aspect met tout son cœur dans son travail, il est extrêmement motivé. C'est la marque des travailleurs passionnés et acharnés, de ceux qui adorent relever des défis dans leur vie personnelle ou professionnelle. Sur la main passive, les autres intéressent énormément et stimulent. Quand le cœur n'y est plus, la personne peut décider de quitter son travail.

MOTS-CLÉS

Motivation, dévouement

LA LIGNE DE TÊTE

La ligne de tête illustre la manière dont nous pensons et celle dont nous gérons l'information. C'est l'un des points clés de la personnalité.

L'élément dominant de cette ligne est l'**air** et son symbole, un **rayon lumineux**. Cette métaphore est souvent utilisée dans le langage courant, quand on dit d'une personne intelligente, « c'est une lumière » ou « ça m'est venu en un éclair », par exemple.

La ligne démarre au bord de la paume, entre la base de l'index et du pouce, elle est proche de la ligne de vie ou la touche. Sa terminaison est très variable. Une ligne courte se terminera sous le doigt mur. Une ligne longue traversera presque toute la paume.

Considérez toujours la longueur, la force et la netteté de la ligne comme des indications sur le processus de pensée. Quelqu'un avec **une longue ligne de tête** réfléchit beaucoup et tient compte de multiples facteurs, il a un esprit profond et pénétrant qui ne se satisfait pas d'explications creuses ou faciles. Avec **une ligne de tête courte**, on ne voit pas très loin, on est davantage dans l'action que dans la réflexion ou la spéculation.

Si la ligne est **fine et nette**, l'esprit est perspicace et la pensée précise, c'est le signe d'une haute intelligence. Si la ligne est **brisée**, avec de nombreuses îles, la pensée peut manquer de clarté ou de relief. Avec une ligne **embrouillée**, la pensée est confuse, on se laisse souvent guider ou entraîner par des personnalités plus fortes (avec des lignes de tête plus nettes).

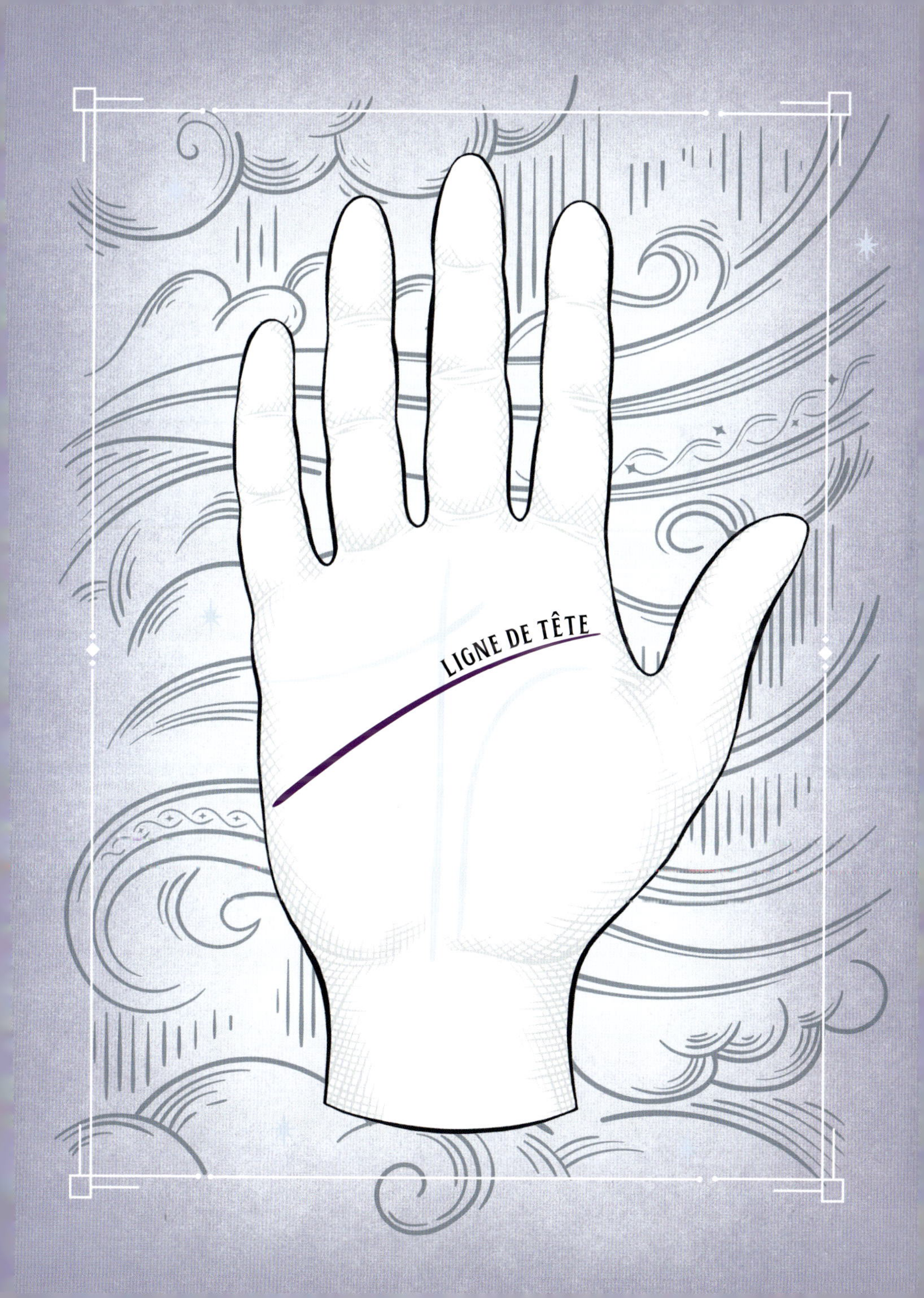
LIGNE DE TÊTE

LIGNE DE TÊTE : COMMENCEMENT

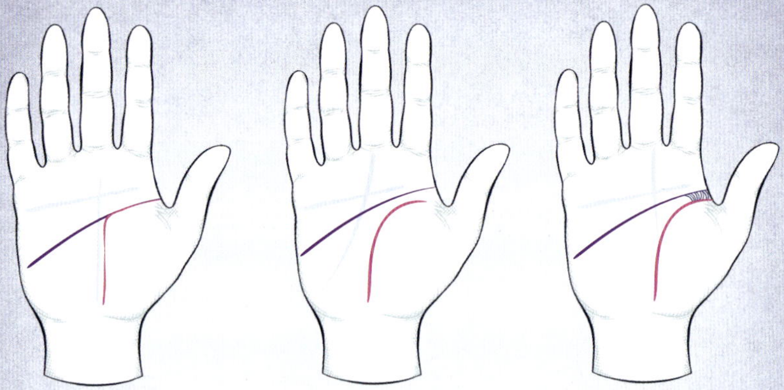

RELIÉE À LA LIGNE DE VIE

Très souvent, ligne de tête et ligne de vie sont unies à leurs débuts sur 2 ou 3 cm. Sur la main passive, ce peut être le signe de parents forts et d'un manque d'assurance. Sur la main active, cet aspect révèle une prudence extrême, des valeurs très conservatrices et des difficultés à penser par soi-même. Cette configuration est fréquente chez les personnes attachées aux traditions, elle indique souvent des débuts tardifs dans la vie.

MOTS-CLÉS

Prudence, tradition

GRAND INTERVALLE ENTRE LIGNES DE TÊTE ET DE VIE

C'est le signe d'une personnalité qui peut être téméraire et extrêmement ambitieuse. Sur la main passive, on a affaire à quelqu'un qui se détourne très tôt du cadre familial. Sur la main active, c'est toujours l'indication d'aspirations élevées, d'ambition, d'ouverture d'esprit et d'idées anticonformistes. La personne pourra s'éloigner à la fois psychologiquement et physiquement de ses racines et de son éducation.

MOTS-CLÉS

Ambition, témérité

PETIT INTERVALLE AVEC TRAITS DE LIAISON

L'exemple ci-dessus peut révéler une volonté de s'extraire d'un milieu familial sclérosant, mais aussi un certain manque de détermination pour le faire et un besoin d'être rassuré. Quand vous voyez un intervalle plus important sur une main que sur l'autre, il illustre le domaine où la personne se sent psychologiquement plus indépendante, que ce soit dans la société ou au niveau de ses intérêts personnels ou de ses idéaux.

MOTS-CLÉS

Hésitation, manque d'assurance

LIGNE DE TÊTE : LONGUEUR

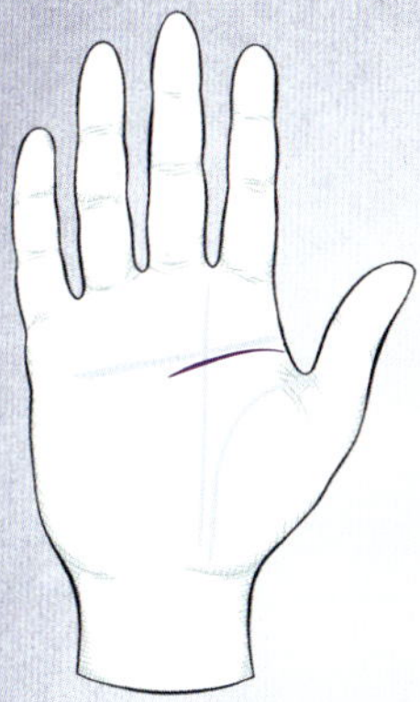

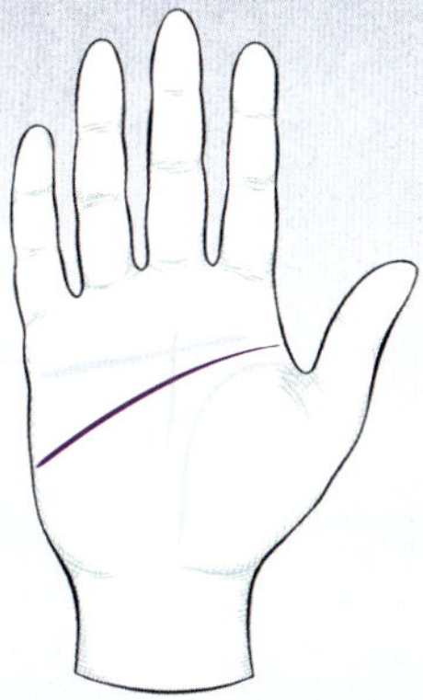

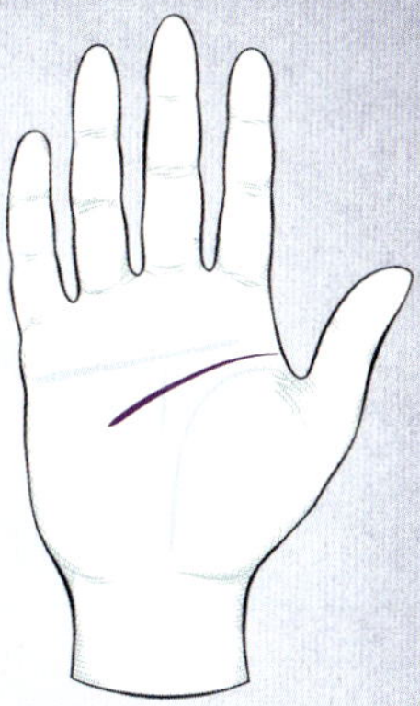

COURTE

Quand la ligne est courte, se terminant sous le doigt mur, c'est curieusement un signe de réussite et de dynamisme. Cet aspect (si la ligne est nette, sans île ni cassure) se trouve chez des personnes qui prennent la vie à bras-le-corps, sans trop réfléchir ni philosopher.

Introspection, conscience de soi ou vision à long terme ne les intéressent pas, mais elles sont extraordinairement actives et volontaires. Elles réussissent tout ce qu'elles entreprennent, dès lors qu'il s'agit d'appliquer des idées, pas de les concevoir.

MOTS-CLÉS

Actif, volontaire

LONGUE

Une longue ligne, qui se termine près du tranchant de la main, indique une personnalité éprise de spéculation et d'analyse, qui aime sonder le passé et le futur. L'esprit est moins tourné vers l'action que vers la réflexion, ce qui peut retarder les décisions. Avec une longue ligne de tête, on adore hypothèses et spéculations. C'est la marque des philosophes, de ceux qui ont un don pour dénicher des faits complexes et de précieuses informations.

MOTS-CLÉS

Réflexion, analyse

SE TERMINANT SOUS LE DOIGT PAON

La pensée est équilibrée, ni trop abstraite ni trop pragmatique. C'est peut-être la forme de pensée la plus souple. Mais gardez toujours à l'esprit que la ligne de tête s'allonge quand on fait des études poussées et raccourcit dès qu'on est obligé de se concentrer sur le quotidien pendant une longue période.

MOTS-CLÉS

Souplesse intellectuelle

LIGNE DE TÊTE : QUALITÉ

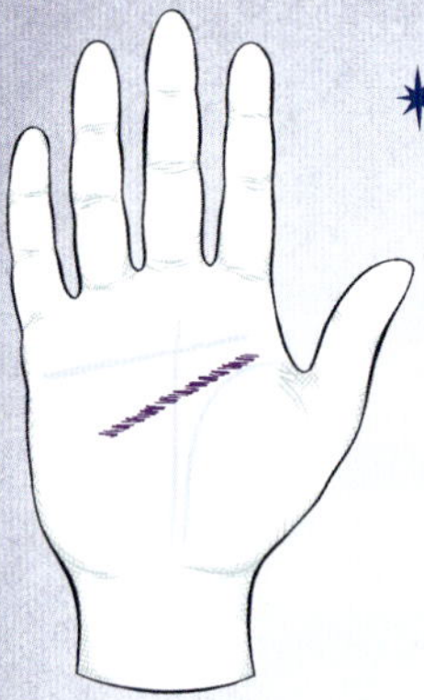

BRISÉE OU AVEC DES CHAÎNES D'ÎLES

Une cassure dans la ligne signale un moment difficile qui empêche de réfléchir et de fonctionner normalement. Quand la ligne de tête change brutalement de direction ou se fragmente, la personnalité se transforme à l'âge approximatif indiqué sur la ligne. Les îles sont un indice de stress. En général, cette ligne présente plus de cassures et d'accidents sur la main passive, le monde intérieur réagissant plus fortement aux problèmes d'ordre personnel.

MOTS-CLÉS

Stress, changement, perturbation

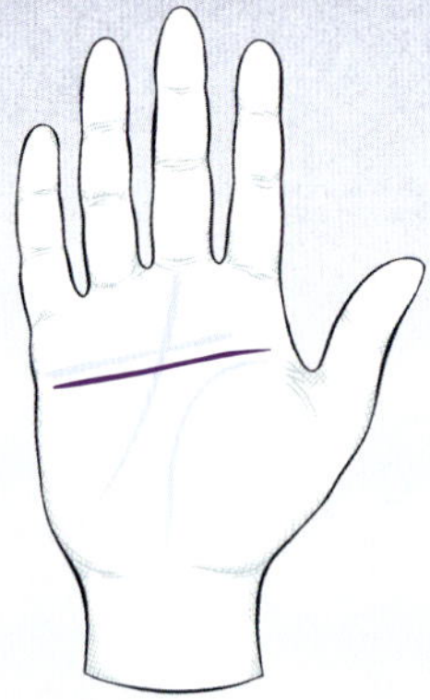

DROITE

C'est l'indication d'une pensée logique. Avec ce type de ligne, la personne est attachée aux faits, elle argumente en s'appuyant sur des statistiques et des données précises. Douée pour les chiffres, elle a un esprit logique et pragmatique. Cette rigueur ne favorise pas l'expression des sentiments et des émotions.

MOTS-CLÉS

Logique, précis, factuel

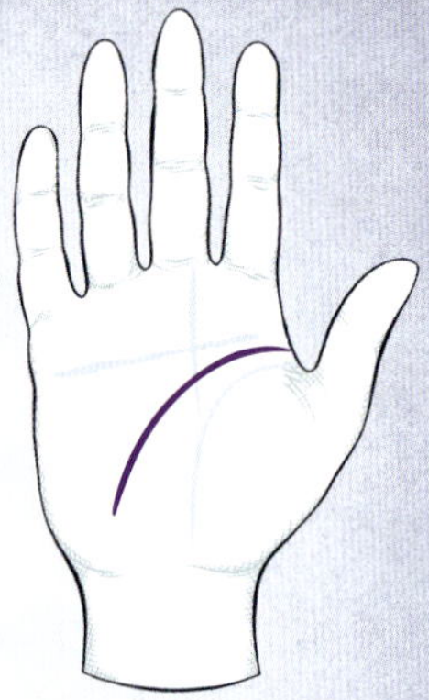

COURBÉE

Une ligne de tête courbée indique un esprit plus intuitif, plus subjectif et plus porté à l'introspection qu'une ligne droite. Elle penche presque toujours vers la mer du subconscient, le mental se teinte de mémoire tribale, d'expériences intimes et des riches couleurs de l'imagination. Avec une ligne très penchée (plongeant dans la mer du subconscient), la personnalité peut être introvertie, mélancolique, renfermée, portée à une réflexion sans fin.

MOTS-CLÉS

Imaginatif, intuitif, pensif

LIGNE DE TÊTE : TERMINAISON

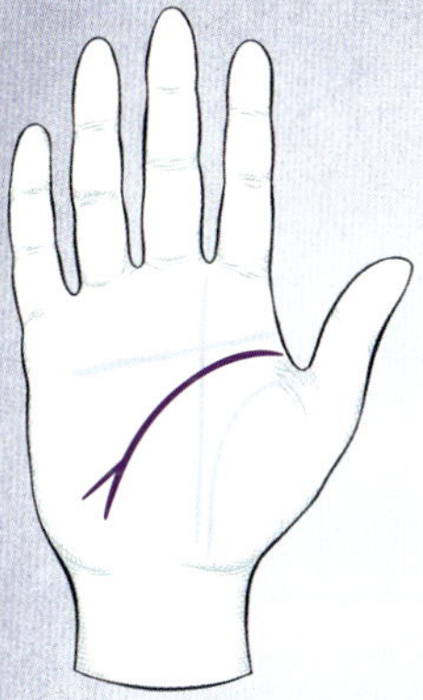

FOURCHUE

Une ligne de tête qui se termine par une fourche révèle un vaste horizon mental, une grande profondeur de vue, de l'intelligence et de l'imagination. Quand la fourche est évasée, la personnalité a deux faces : l'une logique et l'autre beaucoup plus subjective. On a deux centres d'intérêt et deux modes de perception totalement différents.

MOTS-CLÉS

Diversité, complexité

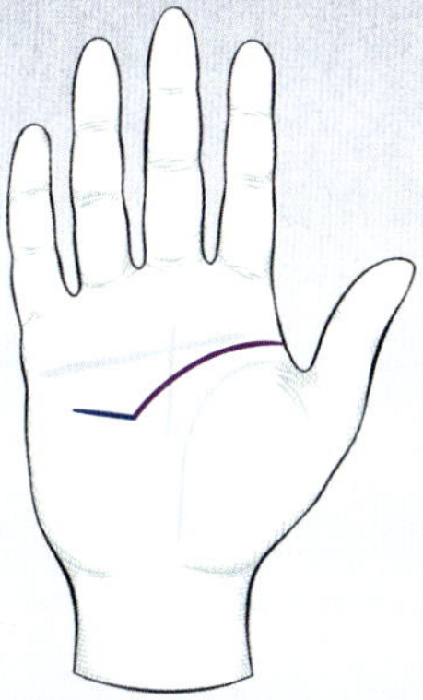

POINTANT VERS LE HAUT

Une ligne de tête qui se termine en pointant vers le haut est un signe classique d'optimisme. On saisit la balle au bond et l'occasion quand elle se présente. Cet aspect se rencontre chez ceux qui comprennent la valeur d'une idée et savent faire fructifier un projet auquel personne ne croit. Sur la main passive, c'est le signe d'un(e) partenaire amusant(e), confiant(e) en l'avenir, dont l'influence est toujours positive.

MOTS-CLÉS

Entreprenant, optimiste, positif

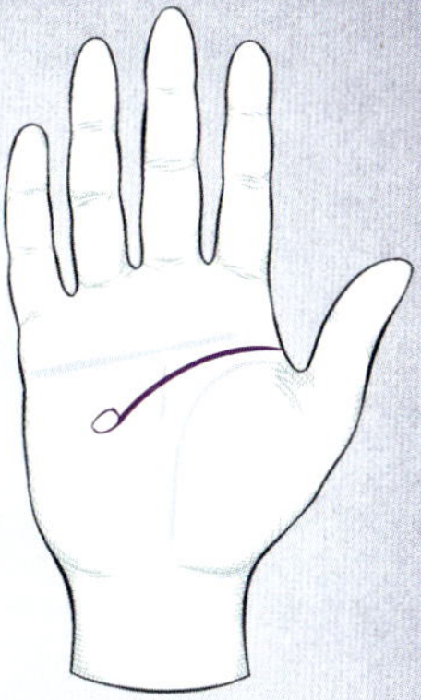

SUR UNE ÎLE

Il est assez rare que la ligne de tête se termine par une île. Dans ce cas, on peut avoir du mal à trouver le mot exact, à se souvenir de faits ou de noms, ou à s'expliquer clairement. Cet aspect est souvent la marque d'un esprit nébuleux, d'une tendance à croire des théories douteuses. Les îles sont un signe de stress, il est donc recommandé de guider le consultant vers une pratique apaisante, comme la méditation.

MOTS-CLÉS

Nébuleux, crédule, stressé

LES LIGNES MINEURES

Les lignes mineures sont bien plus difficiles à repérer que les majeures, et sont d'ailleurs souvent absentes. En outre, elles se modifient beaucoup plus rapidement que les lignes majeures.

En règle générale, si une ligne mineure est nette et bien définie, c'est l'indication d'une aptitude ou d'une qualité supplémentaire et le signe est bénéfique. Si une ligne mineure est brouillée ou brisée, mieux vaut ne pas en tenir compte.

Il vous arrivera de rencontrer une ligne mineure extrêmement marquée, plus même qu'une ligne majeure. Ce signe peut révéler un problème dans la vie du consultant qui inhibe sa capacité à fonctionner normalement et absorbe beaucoup d'énergie. Ce peut être l'indication d'une maladie.

Dans les pages qui suivent, nous examinerons les lignes mineures depuis les empreintes digitales jusqu'au bas de la paume.

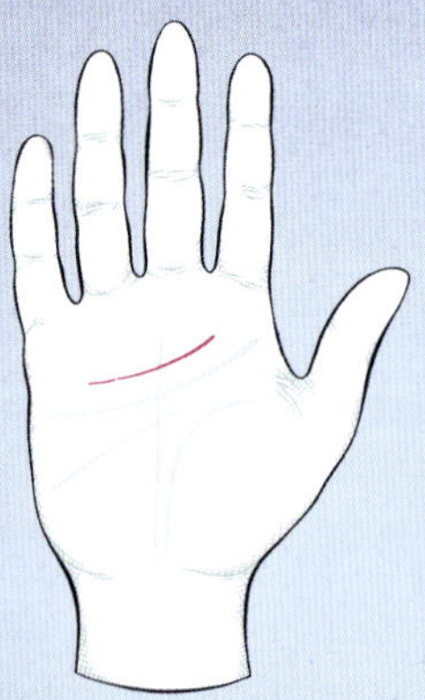

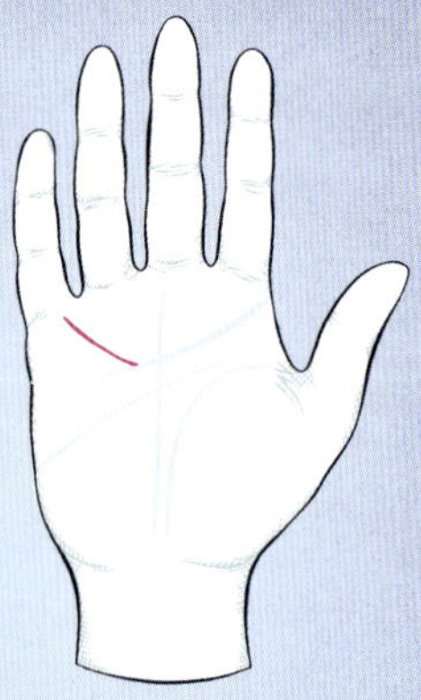

LIGNE MIRAGE (ANNEAU DE SATURNE ; CEINTURE DE VÉNUS)

Située au-dessus de la ligne de cœur, elle est parallèle à celle-ci. Il peut y avoir plusieurs lignes peu marquées, ou une seule continue. La ligne mirage indique un fort désir d'échapper à la réalité.

C'est comme une ligne de cœur puissance dix, avec une recherche d'émotions exaltantes. Elle révèle un amour du luxe, de la décadence, et des plaisirs exotiques. Quand cette ligne est continue et très marquée, l'individu n'est jamais vraiment présent dans le monde réel, il cherche toujours à s'en échapper.

MOTS-CLÉS
Décadence, évasion

LIGNE DE PASSION

Sa présence ou son absence est un sujet de préoccupation général ! Elle monte, à mi-chemin de la ligne de cœur, vers la base du doigt antenne. Pour être significative, il faut qu'elle soit nette et sans cassure. Cette ligne indique une belle imagination et une sexualité rayonnante. C'est l'attirance physique qui détermine le choix des partenaires. Cela ne signifie pas nécessairement que la libido soit très forte, mais la présence de cet aspect signale toujours un puissant sex-appeal.

MOTS-CLÉS
Puissant sex-appeal

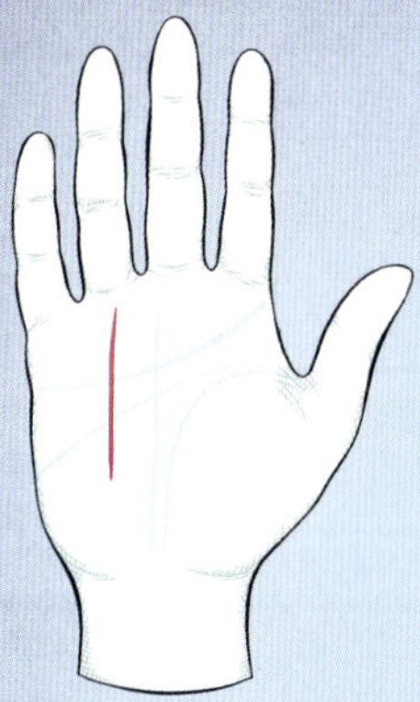 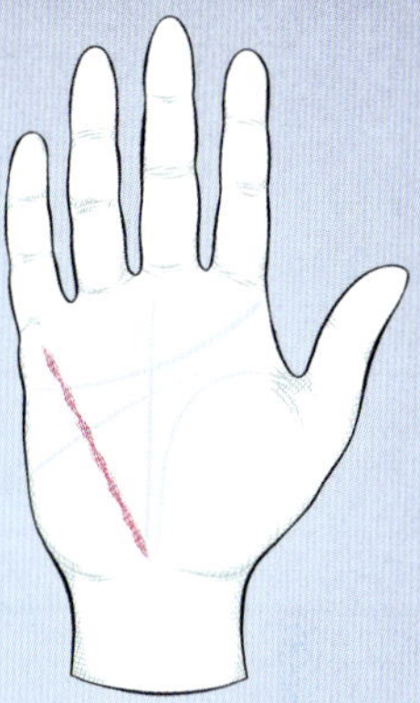

LIGNE D'APOLLON (LIGNE DU SOLEIL; LIGNE DU MONDE INTÉRIEUR)

Il s'agit d'une ligne fine et droite montant verticalement jusqu'à la base du doigt paon. Elle est presque toujours présente au-dessus de la ligne de cœur, mais n'est digne d'intérêt que si elle descend de 2 à 3 cm en dessous.

C'est traditionnellement un signe de célébrité ou de reconnaissance publique. Néanmoins, on la trouve souvent chez des personnes qui cherchent à échapper à la notoriété. Sur la main passive, cette ligne révèle un sentiment d'unité, une capacité à s'oublier soi-même, un besoin de paix et de quiétude, une plénitude intérieure et un désir de solitude. Sur la main active, le travail a généralement partie liée avec l'art ou une pratique spirituelle, la vie est source de contentement, de joie et d'épanouissement.

MOTS-CLÉS

Introspection, art, spiritualité

LIGNE DE MERCURE (FOIE; LIGNE DE L'ACTIVITÉ NERVEUSE)

C'est l'une des lignes mineures les plus courantes, elle se rencontre chez presque toutes les personnes d'un certain âge. Il s'agit d'une ligne unique ou d'une série de petites hachures montant de la base de la ligne de vie jusqu'au doigt antenne. Son aspect dépend des individus, ce peut être un sillon profondément tracé, un échelonnement de hachures ou juste une longue ligne fine.

Les rares fois où vous trouverez une ligne bien nette et droite, sachez qu'elle est signe de concentration mentale, d'inspiration, et d'une capacité à penser latéralement. Si la ligne forme un sillon profond, cela peut révéler beaucoup de nervosité.

MOTS-CLÉS

Sagesse, agilité mentale, nervosité

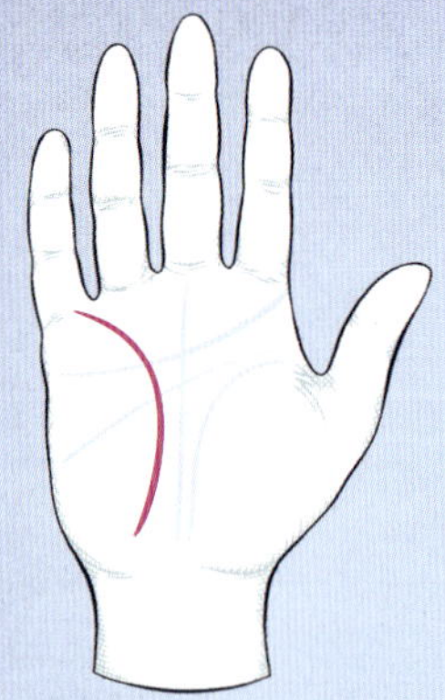

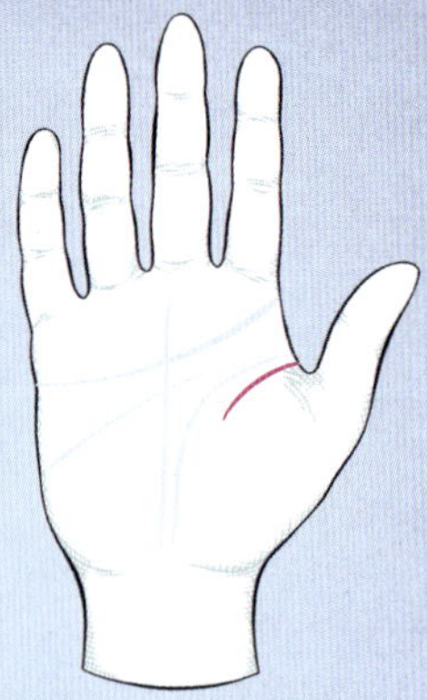

LIGNE D'ESPRIT (LIGNE D'INTUITION)

On la confond aisément avec la ligne de Mercure, car elle est dans la même partie de la paume, mais la ligne d'esprit est très incurvée. En forme de C inversé, elle part de la mer du subconscient pour s'étendre jusqu'au doigt antenne. Elle dénote de grandes capacités de perceptions psychiques et d'intuition.

MOTS-CLÉS

Aptitudes psychiques, intuition

LIGNE DE MARS (LIGNE DE BATAILLE ; LIGNE DE VITALITÉ)

Elle se trouve en haut de la ligne de vie, près du pouce. On n'en tient compte que si elle est rouge, nette et mesure au moins 2,5 cm de long. Elle signale un fort esprit de compétition et le besoin de relever des défis. Même en l'absence de rivalité, l'individu a toujours la volonté de se dépasser et n'est jamais découragé par la fatigue ou par l'échec.

De temps en temps, la ligne de Mars est reliée à la ligne de tête par des petits traits. Cet aspect est révélateur d'une agressivité excessive et d'une attitude particulièrement défensive. Il se rencontre souvent chez ceux qui se sentent perpétuellement attaqués ou dominés.

MOTS-CLÉS

Dynamique, défensif, combatif

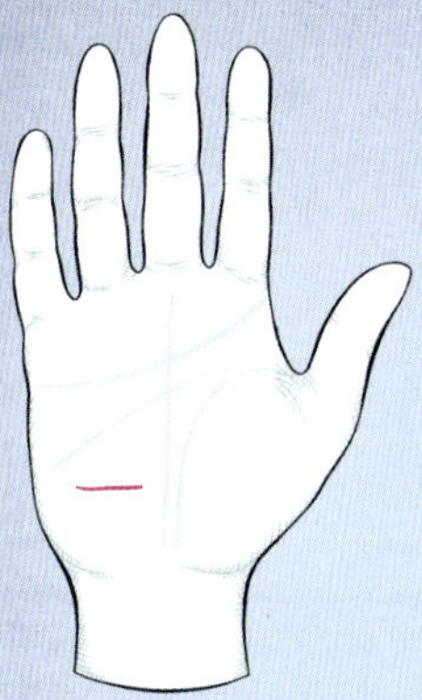

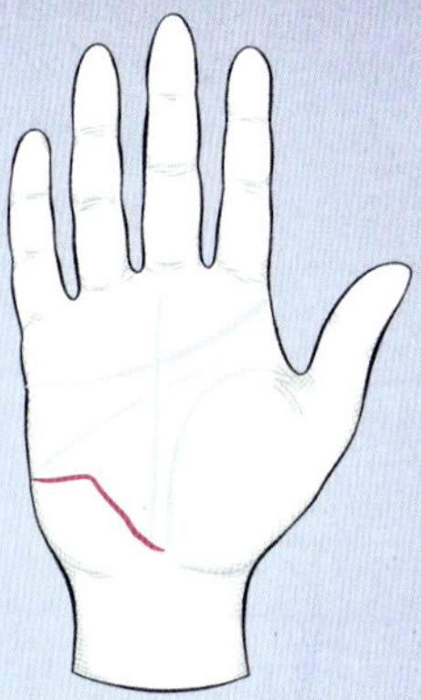

LIGNE D'INTENSITÉ

Cette marque est assez commune. Il s'agit d'une fine ligne droite, horizontale, dans la zone de la mer du subconscient. C'est le signe d'une grande difficulté à se détendre et à déconnecter. Elle peut révéler un problème lié aux glandes surrénales et un besoin constant de stimulation. En barrant l'accès au subconscient, cette ligne marque un manque d'intérêt pour l'introspection. Avec cet aspect, il existe toujours une volonté de vivre passionnément et un désir de prendre des risques.

MOTS-CLÉS

Agitation, incapacité à se détendre, prise de risque

LIGNE D'ALLERGIE

Elle se trouve à la même place que la ligne d'intensité, mais sa forme et son apparence diffèrent totalement. Elle est incurvée et souvent composée de nombreuses lignes plus petites. On y voit parfois le signe d'un système immunitaire trop réactif et, plus généralement, d'allergies. C'est particulièrement vrai quand elle interfère avec la ligne de vie ou la coupe.

MOTS-CLÉS

Immunité

LIGNES DU SAMARITAIN (1)
Il s'agit d'une série de fines lignes verticales, sous le doigt antenne, qui touchent la ligne de cœur ou en sont très proches. On ne s'y intéresse que s'il y en plus de quatre. Les lignes du samaritain (comme toutes les lignes mineures) apparaissent et disparaissent très rapidement, elles surgissent souvent quand on aide ou qu'on soigne les autres.

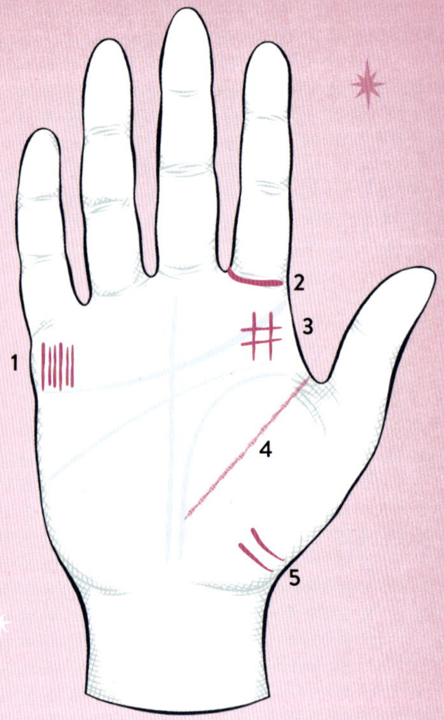

ANNEAU DE SALOMON (2)
C'est un signe rare. Il s'agit d'une fine ligne semi-circulaire à la base du doigt miroir. Elle indique une capacité à se mettre en retrait pour étudier la personnalité d'autrui. Il y a toujours une inclination naturelle pour l'analyse et un intérêt pour la psychologie.

CARRÉ DE L'ENSEIGNANT (3)
Le carré de l'enseignant n'est pas vraiment un carré, puisqu'il est constitué de quatre fines lignes qui se croisent sous le doigt miroir. Cette marque dénote des talents d'organisateur. Sur la main passive, c'est le signe de parents forts et vigilants. Parfois, un des côtés du carré est formé par un rameau partant de la ligne de cœur. C'est un indice de dévouement et d'attention de quelqu'un qui s'implique corps et âme dans son travail.

LIGNE DE LOYAUTÉ (4)
Cette ligne est très courante et ressemble à une grande ride qui traverse le mont de Vénus obliquement. Elle révèle une profonde et instinctive loyauté tribale envers le foyer, la famille, le pays, ou une vocation. Quand elle coupe la ligne de vie en la brisant, il peut exister un important conflit de loyauté qui peut sérieusement déstabiliser la personne.

LIGNES D'ENFANTS (5)
Les marques désignant les enfants apparaissent sur la main active, à la base du mont de Vénus, à l'intérieur de la ligne de vie. Elles sont nettes, fortes et incurvées. Ces lignes ne signalent pas seulement les enfants, mais les personnes (ou les animaux) dont vous vous occupez et dont vous êtes proche.

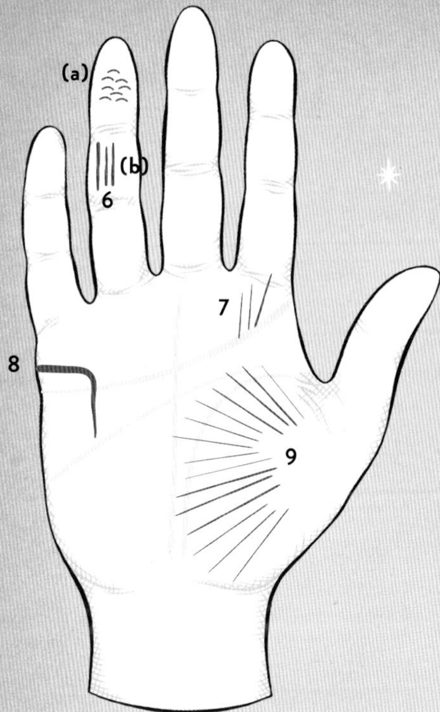

LIGNES D'AFFECTION (8)
Les lignes d'affection sont visibles sur le tranchant de la paume, sous le doigt antenne. Vous pouvez les ignorer complètement si elles mesurent moins de 1 cm de long. En revanche, si une ligne d'affection s'étend sur plus de 2 cm vers l'intérieur de la main, c'est une marque importante.

Une longue ligne droite qui traverse la zone de l'intimité (la base du doigt antenne) indique une quête, apparemment sans fin, du (de la) partenaire idéal(e). Si la ligne plonge vers la ligne de cœur pour s'y terminer ou la traverser, ce peut être le signe d'une inclination inconsciente pour une relation maritale compliquée. Si la ligne s'enroule autour du doigt antenne, la personne aura peut-être du mal à tisser des liens intimes.

TRAITS SUR LES DOIGTS (6)
Ces marques horizontales (a) indiquent une perturbation ou une hyperactivité endocrinienne, un phénomène courant à l'adolescence et à la ménopause, quand le système endocrinien déclenche de profondes transformations. À toute autre période, ce peut être un signe de stress intense ou d'épuisement. Les lignes verticales sur les phalanges (b) mettent en lumière l'activité des glandes surrénales.

LIGNES D'ASPIRATION (7)
Assez communes et très fines, elles montent de la ligne cœur vers le doigt miroir. Ce sont toujours des signes positifs, l'indication d'aspirations et d'ambitions qui prennent racine dans la ligne de vie. Sur la main active, chaque trait indique les efforts qui sont faits pour s'élever dans l'existence. Sur la main passive, ils sont plus représentatifs d'un intérêt pour le développement personnel.

LIGNES DE STRESS (9)
Quelques fines lignes traversant le mont de Vénus sont présentes chez la plupart des gens. Si elles sont très nombreuses et couvrent presque tout le mont de Vénus, elles révèlent un stress excessif qui peut être d'ordre domestique ou physiologique.

LES MARQUES ET LEURS SIGNIFICATIONS

Sur la plupart des paumes, on trouve diverses marques plus ou moins identifiables, telles que cercles, étoiles, points ou triangles.

Gardez toujours à l'esprit qu'une marque ne se rapporte qu'à la partie de la paume où elle se trouve. Ainsi, un triangle dans le quadrant Premier du foyer, du corps et de la famille ne peut être relié qu'au domaine de la vie personnelle.

En outre, si une marque est située sur une ligne mineure ou formée par elle (comme c'est souvent le cas), elle n'intéresse que cette ligne particulière. Si une croix apparaît sur la ligne d'esprit dans la zone de la mer du subconscient, elle ne se rapporte qu'à des impressions profondes de nature spirituelle, concernant un choix à faire. Il peut s'agir d'une crise de vocation ou d'une difficulté à trouver un guide spirituel.

À RETENIR

Si vous rapportez toujours une marque à son emplacement sur la paume et à la ligne à laquelle elle est attachée (s'il y en a une), vous en découvrirez facilement la signification.

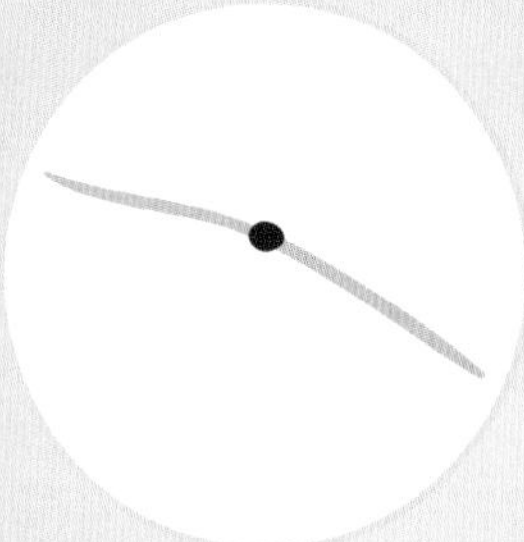

LES POINTS

Les points sont des petites taches rouges, généralement situés le long d'une ligne majeure. Ils signalent des périodes où une émotion, la colère par exemple, entraîne une perte de contrôle.

MOTS-CLÉS
Émotivité, perte de contrôle

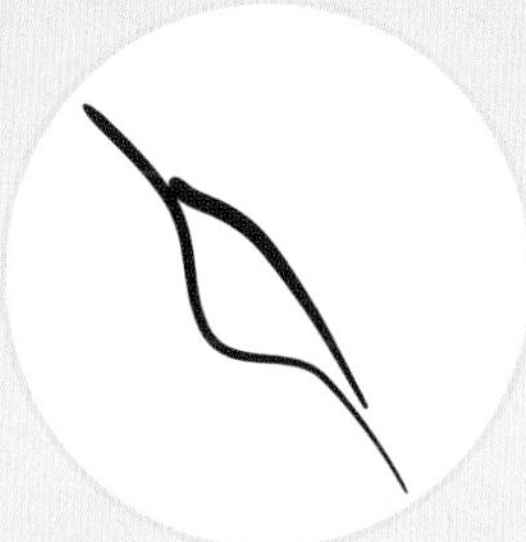

LES ÎLES

Une île est formée par une ligne qui se partage puis se ressoude. Elle indique un état de stress ou une situation qui a pris des proportions excessives. La ligne sur laquelle se trouve l'île vous aidera à déterminer dans quel domaine les effets se font sentir. N'hésitez pas à solliciter un avis extérieur ou à consulter quand vous voyez une île dans votre paume.

MOTS-CLÉS
Exagération, fébrilité

LE TRIANGLE

Le triangle est une marque importante qui signale une intense zone de force, des capacités ou un savoir-faire particulier chez quelqu'un. On le trouve généralement à la fin ou au début d'une ligne majeure, il est alors formé par l'intersection d'une ligne courte avec les deux branches d'une fourche. Pensez aux triangles comme à des secteurs où les forces sont canalisées et amplifiées pour qu'une puissante expression émerge.

MOTS-CLÉS
Expression, savoir-faire

LES BARRES

Ces petites barres traversent généralement une ligne majeure ou mineure. Elles sont très courtes et ressemblent un peu à des agrafes. Les barres signalent un obstacle extérieur qui interrompt le flot d'énergie de la ligne qu'elles coupent. Elles sont comparables à des barrières, constituées par des difficultés extérieures, qui entravent la progression et par-dessus lesquelles il faut sauter. Regardez bien l'aspect de la ligne après la barre. Si elle continue avec la même force (comme c'est généralement le cas), l'obstacle n'aura pas une grande incidence sur la vie de la personne.

MOTS-CLÉS
Obstacles à surmonter

LES ÉTOILES

Les étoiles sont formées par l'intersection d'au moins trois ou quatre petites lignes. Les croix sont des explosions d'énergie en miniature qui indiquent de nombreuses opportunités et des décisions à prendre. Les étoiles sont considérées comme des marques bénéfiques, car elles apparaissent pour signaler des moments de la vie où des occasions se présentent et rendent soudain les choses possibles. Comme toutes les marques mineures, elles peuvent apparaître et disparaître très rapidement.

MOTS-CLÉS
Opportunités, stimulation

LES CROIX

Les croix sont très communes et apparaissent n'importe où sur la paume. On ne considère pas comme une croix l'intersection de deux lignes majeures, lorsque la ligne de destin traverse la ligne de tête et/ou la ligne de cœur, par exemple. Seules les croix formées par l'intersection de deux lignes courtes sont prises en compte.

Cette marque signale un conflit entre deux courants d'énergie. Il peut s'agir d'une décision importante à prendre ou d'une période difficile. L'aspect de la ligne après l'intersection est déterminant ; si elle reste nette et forte, c'est qu'il n'y a pas de perte ou de changement sérieux.

MOTS-CLÉS

Conflit, moment pour agir

LES LIGNES DE SUPPORT

Les lignes de support sont assez fréquentes, elles se forment parallèlement à la ligne de vie ou à l'intérieur. Il y en a généralement plusieurs, mais si vous n'en voyez qu'une seule, bien marquée, ce peut être le signe d'une personne qui mène une double vie.

En général, vous ne trouverez qu'une série de lignes faibles représentant les amis intimes, les relations et tout ce qui nous soutient dans la vie. De multiples lignes de support révèlent un besoin de s'appuyer sur de nombreuses règles, routines, amitiés ou structures.

MOTS-CLÉS

Soutien, social

LES EMPREINTES PALMAIRES

Nous avons tous des empreintes au bout des doigts, mais sur environ la moitié des mains que vous examinerez, vous découvrirez aussi des empreintes sur la paume.

Comme toujours quand vous lisez des marques sur la paume, vous devez rapporter chaque motif à la zone dans laquelle il se trouve. La plupart sont situés dans la zone de la mer du subconscient, mais on en voit aussi ailleurs.

Les empreintes palmaires sont très difficiles à distinguer, surtout si la peau est fine ou s'il y a beaucoup de petites lignes sur la main. Vous aurez probablement besoin d'une loupe pour les voir distinctement.

Une fois que vous aurez identifié les motifs d'empreintes sur les deux paumes, comparez-les pour étudier les différences. Comme tous les aspects qui varient de la main passive à la main active, ces divergences expliquent les contradictions entre personnalité intérieure et extérieure.

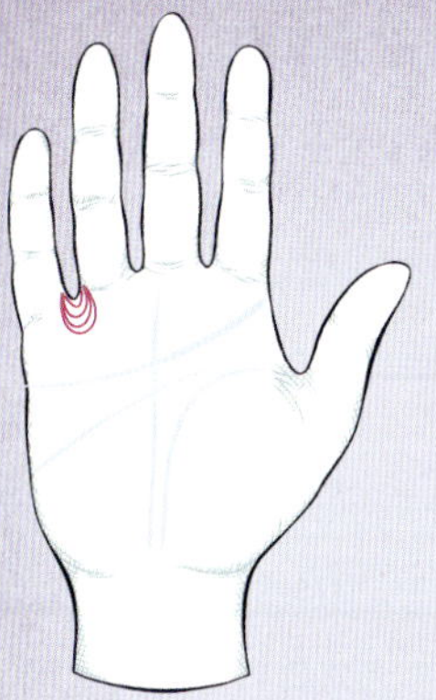

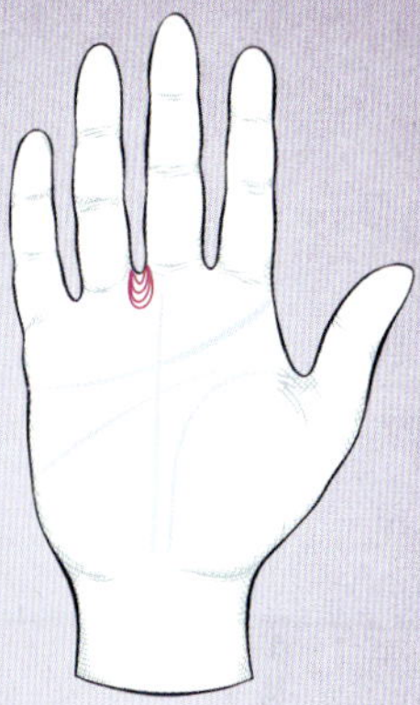

BOUCLE DES LOISIRS

Les boucles situées entre les doigts sont appelées boucles interdigitales. Celle qui se trouve entre les doigts paon et antenne se nomme la boucle des loisirs. Elle indique une intensification du principe de plaisir, les distractions devenant une priorité. Souvent, cette passion se transforme même en profession. Avec ce signe, les plaisirs passent toujours avant les perspectives de carrière.

MOTS-CLÉS
Recherche du plaisir

BOUCLE DU TRAVAIL

Située entre les doigts mur et paon, elle est le signe qu'on ne prend pas le travail à la légère. On aime ce qu'on fait et on le fait bien. Généralement, la personne choisit un métier lucratif. Elle accorde beaucoup d'importance à sa carrière et consacre énormément d'énergie à cette vocation. C'est rare, mais il arrive qu'on trouve la boucle des loisirs et la boucle du travail sur la même main. Dans ce cas, le travail aura autant d'importance que les distractions.

MOTS-CLÉS
Motivation, dévouement

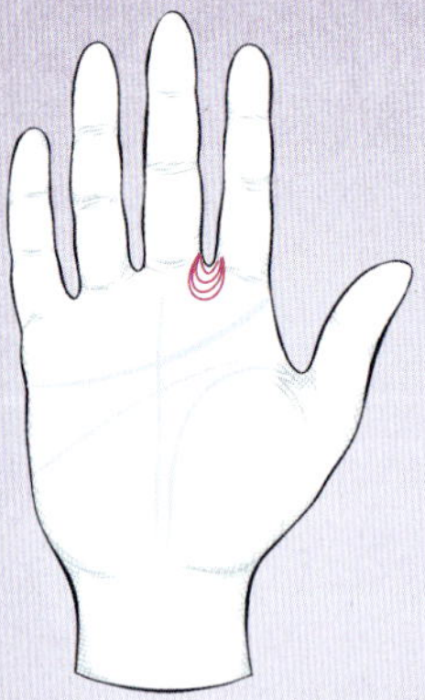

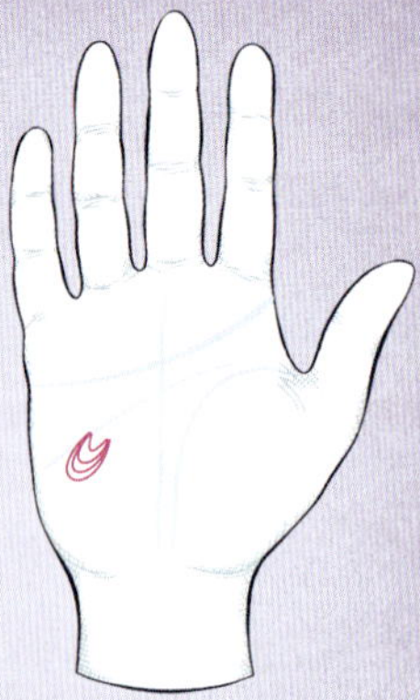

BOUCLE DU COMMANDEMENT

C'est une marque peu courante. Cette boucle se trouve entre les doigts miroir et mur. Elle dénote un talent naturel d'organisateur et un don pour se faire respecter et acquérir un statut dans un groupe. On est capable de prendre les commandes en temps de crise, ou de monter et diriger une affaire, un groupe, une organisation, ou un club.

MOTS-CLÉS
Organisateur, leader

BOUCLE D'INTUITION

Cette boucle se trouve à peu près à la moitié de la paume, en haut de la zone de la mer du subconscient et non loin de la ligne de tête. C'est le signe d'une grande intuition et d'une capacité à éprouver, entre autres, un sentiment de déjà-vu. Il peut y avoir des pouvoirs psychiques, comme une aptitude à se trouver au bon endroit au bon moment. Parfois, la ligne de tête se termine juste au milieu de cette boucle, ce qui est la marque de facultés extrasensorielles.

MOTS-CLÉS
Clairvoyance, spiritualité

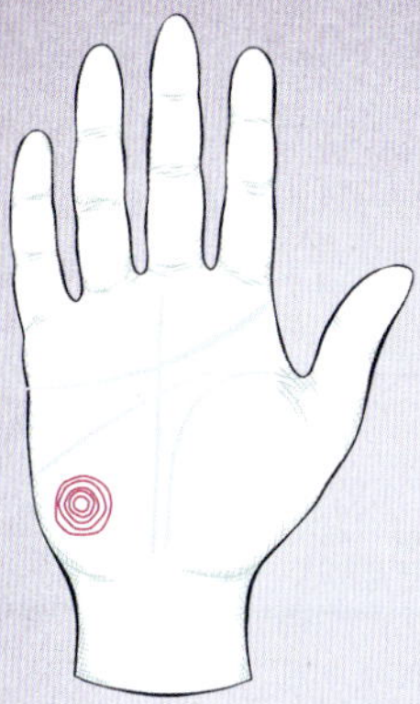

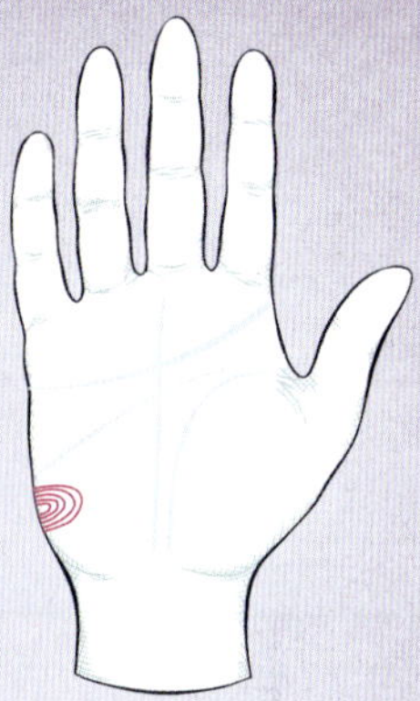

TOURBILLON D'ISOLEMENT

Ce tourbillon est situé au milieu de la zone de la mer du subconscient. Il révèle un esprit fasciné par les rêves, les profondeurs de l'inconscient et la spiritualité. Il est difficile d'établir des relations intimes avec ces individus, car ils ont un fort besoin de solitude. Parce qu'ils sont créatifs, il leur faut un espace intime où se retirer pour se délivrer de leur monde intérieur – de longues périodes d'isolement leur sont essentielles. Ce signe peut aussi indiquer une propension à se replier sur soi-même, ou à se laisser enfermer dans une personnalité factice très éloignée de sa nature profonde.

MOTS-CLÉS

Rêveur, secret, introverti

BOUCLE DE NATURE

Cette boucle, visible près du tranchant de la main, s'ouvre vers l'extérieur. Il ne faut pas la confondre avec la boucle d'intuition qui est orientée dans le sens opposé. Elle indique un amour de la nature et une réceptivité aux énergies telluriques. C'est la boucle des radiesthésistes et des guérisseurs, de ceux qui sentent les points d'énergie sur le corps et sur la terre. Il y a généralement une fascination pour le mystère et l'inconnu.

MOTS-CLÉS

Amoureux de la nature, guérisseur

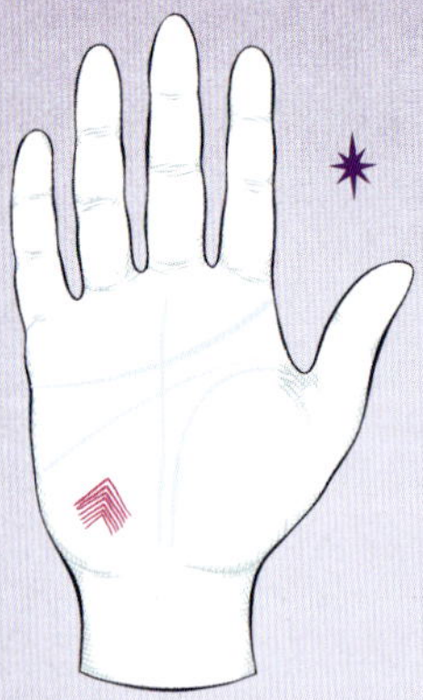

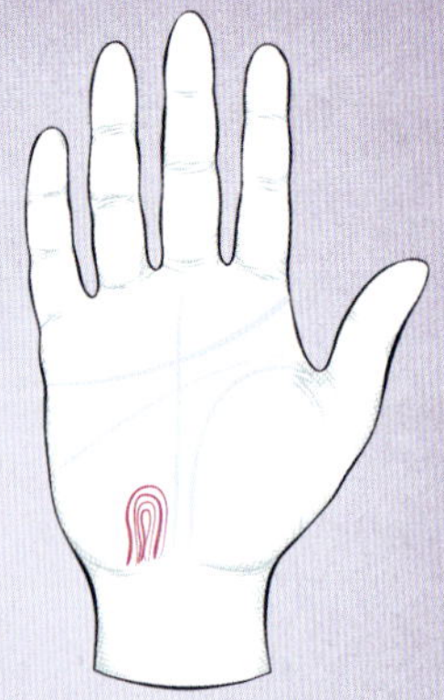

ARC SUR LA MER DU SUBCONSCIENT

Cet arc indique une propension à réprimer besoins et aspirations intimes. Les capacités d'expression et d'ouverture aux autres sont inhibées, si bien que les désirs profonds ne s'extériorisent que sur le plan physique. La personne manque de subtilité en matière de sexualité. En général, l'élégance et les apparences comptent peu pour elle.

MOTS-CLÉS
Fermé, introverti

BOUCLE DE L'INSPIRATION

Cette boucle apparaît à la base de la paume. Elle ressemble un peu à un jet d'eau et marque le surgissement des impressions les plus profondes, des visions et des rêves hors du puits de la mémoire subconsciente. Ce signe particulier indique toujours des rêves puissants et révélateurs.

MOTS-CLÉS
Rêveur

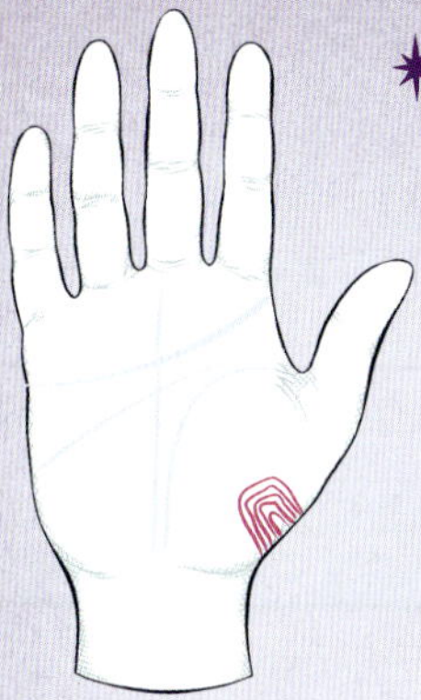

BOUCLE DU RYTHME

Elle est située au bord inférieur du quadrant Premier du foyer, du corps et de la famille. Elle est généralement beaucoup plus carrée qu'une boucle standard. Chaque fois que vous repérez cette marque, elle signale un grand sens du rythme et un amour de la musique.

MOTS-CLÉS
Musique

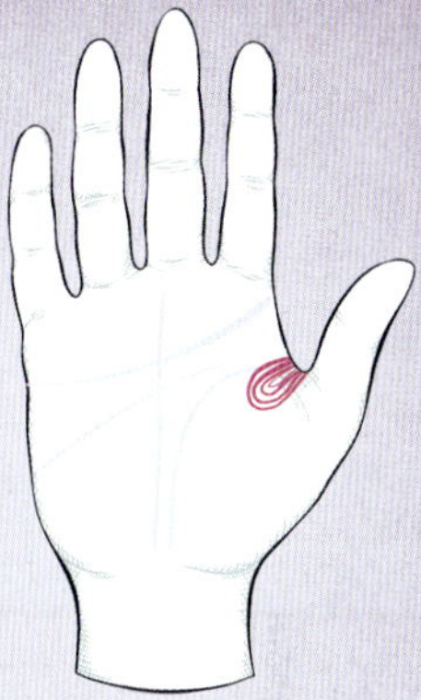

BOUCLE DE MARS (BOUCLE DE BATAILLE)

Cette marque se trouve dans le creux situé juste à la base du pouce. C'est un signe d'ambition et d'énergie. La personne fait preuve de courage physique et a besoin de relever des défis. En général, cette boucle traduit un amour du risque et de l'effort.

MOTS-CLÉS
Ambition, énergie, courage

4

LIRE DANS LES MAINS

FAIRE UNE LECTURE

Il est maintenant temps de découvrir comment faire une lecture. Avant tout, si la chiromancie est un loisir, sachez qu'elle est aussi une profession qui aide au développement personnel. Quand vous lisez dans la main de quelqu'un, essayez de lui apporter de la joie, de vous montrer positif et de privilégier ce que vous y voyez de meilleur.

Lors d'une séance de chiromancie, les gens font de belles découvertes. Avec votre aide, ils redessinent la carte de leur vie et peuvent trouver l'expérience enrichissante. Lire dans la main de quelqu'un, c'est un peu comme lui tendre un miroir qui reflète son âme et lui montre qui il est vraiment. Voilà le véritable pouvoir et la magie de la chiromancie !

LES GRANDES ÉTAPES

◆ **La mise en condition.** Tout débute avec la personne qui lit, le consulté, c'est-à-dire vous. Votre esprit doit être à sa juste place. Soyez bien disposé en apprenant à respirer profondément par le ventre. Ce type de respiration relaxe.

◆ **L'étude des mains.** Commencez par les grandes lignes de la personnalité – les motifs permanents que le consultant gardera toute sa vie. Examinez les deux mains et notez les différences. Il faut comprendre que tout l'art de la chiromancie réside dans la capacité à associer lignes et traits de caractère. La forme de la main, la qualité de la peau, l'aspect des empreintes digitales et la longueur des doigts modifient l'interprétation.

◆ **L'approche et la pédagogie.** Il est important d'explorer chaque point et de donner des explications simples. Tous les motifs sur la paume ont des aspects positifs et négatifs. Regardez ce qu'il y a de bon dans l'aspect étudié (sans éluder le mauvais). Faites preuve de diplomatie. Quand vous percevez un problème sérieux, ne le mentionnez pas ; laissez le consultant aborder la question s'il en a envie. Vous aurez des intuitions (même si vous n'en avez jamais fait l'expérience). Bien qu'elles enrichissent une lecture, considérez-les avec prudence. Prévenez le consultant quand vous avez des intuitions, mais soyez responsable, ne vous laissez pas distraire et ne jouez pas les devins. Vous vous apercevrez que plus vous aurez d'expérience, plus votre intuition vous permettra de colorer et de creuser les questions abordées.

1

VÉRIFIEZ LA FORME DES MAINS DU CONSULTANT. SONT-ELLES TERRE, FEU, EAU OU AIR ?

2

EXAMINEZ LA TEXTURE DE LA PEAU EN PASSANT SOIGNEUSEMENT VOTRE DOIGT SUR LES PAUMES.

3

ÉTUDIEZ LES DOIGTS, MESUREZ LEUR LONGUEUR ET TESTEZ LEUR SOUPLESSE EN LES INCLINANT EN ARRIÈRE.

4

ÉTUDIEZ
LES EMPREINTES
DIGITALES.

5

LISEZ LES LIGNES. À CETTE ÉTAPE, VOUS AVEZ DÉJÀ CERNÉ LES GRANDES « LIGNES » DU CARACTÈRE DE VOTRE CONSULTANT, VOUS POUVEZ AINSI AFFINER LA LECTURE.

COMMENT PRENDRE UNE EMPREINTE DE PAUME

Réussir à prendre des empreintes de paume bien nettes est l'une des rares et simples compétences pratiques que vous avez besoin d'acquérir. Non seulement les empreintes révèlent des marques et des lignes invisibles sur une paume en chair et en os, mais les formes de main sont beaucoup plus faciles à identifier.

1. Vérifiez la longueur et la souplesse des doigts, ainsi que la texture de la peau. Versez un peu d'encre (environ 2 cm^2) sur une surface lisse et imperméable. Étalez avec un rouleau encreur jusqu'à ce que toute la surface du rouleau soit bien imprégnée.

2. Passez le rouleau sur la paume et les doigts du consultant, de manière à les couvrir d'une fine pellicule d'encre.

3. Pressez la paume et les doigts encrés sur une feuille de papier en appuyant bien sur toute la main. Demandez au consultant de soulever délicatement sa main, tout en maintenant la feuille. Quand la paume est très creuse, il arrive qu'il reste une surface non imprimée sur le papier. Dans ce cas, recommencez toute l'opération, mais laissez la feuille collée sur la main du consultant quand il la soulève. Pressez délicatement le papier dans le creux central avec vos doigts, puis décollez soigneusement la feuille de la main.

4. Prenez les empreintes des deux pouces à part. Demandez au consultant de lever ses pouces encrés puis pressez-les fermement sur le papier.

5. Une fois l'empreinte obtenue, notez les diverses caractéristiques de la paume pour vous en souvenir : **(a)** main gauche/droite = MG/MD ; **(b)** la forme de la main (F = faucon, T = tortue, S = serpent et Tr = tigre) ; **(c)** la texture de peau ; **(d)** la longueur des doigts (flèche pointant vers le haut = doigt long, flèche pointant vers le bas = doigt court) ; **(e)** la souplesse des doigts (elle se mesure sur une échelle de 1 à 5, 1 = rigide et 5 = très souple).

5

EXERCEZ-VOUS !

EXERCICE 1

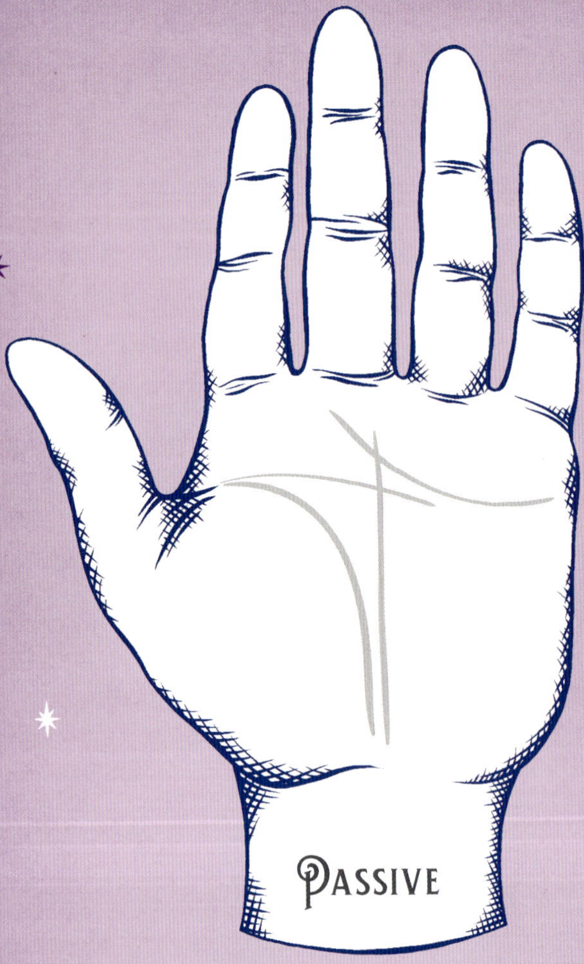

1. Quelle est la forme de la paume ?

2. Quelle pourrait être la profession de la personne ?

3. La peau de cette paume est rugueuse. Que pouvez-vous en déduire ?

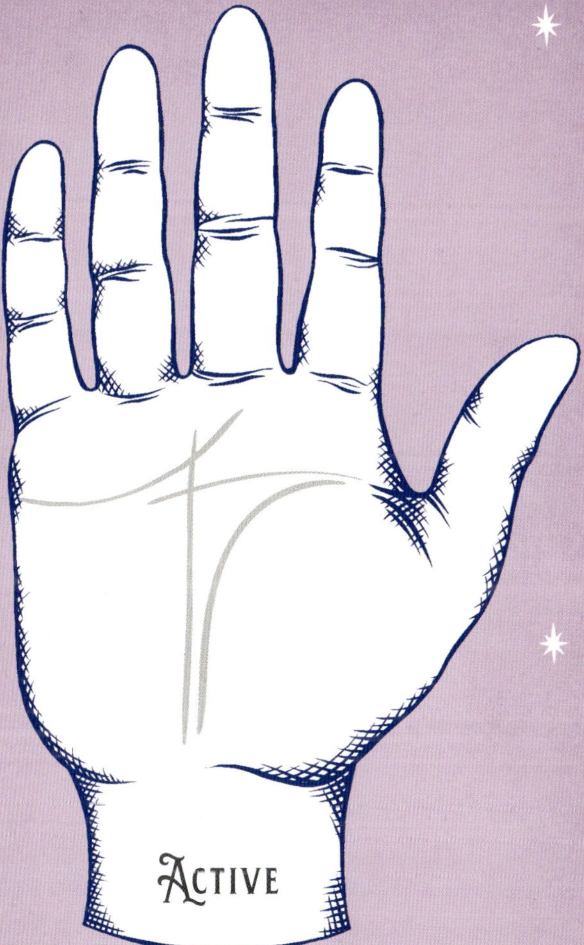

4. Examinez la ligne de tête. S'agit-il plutôt d'un esprit profond et poétique ?

5. Cette personne a-t-elle une haute estime d'elle-même ? Est-elle autonome ? A-t-elle la mentalité d'un leader ? Examinez le doigt miroir et voyez s'il y a des lignes d'aspiration.

EXERCICE 2

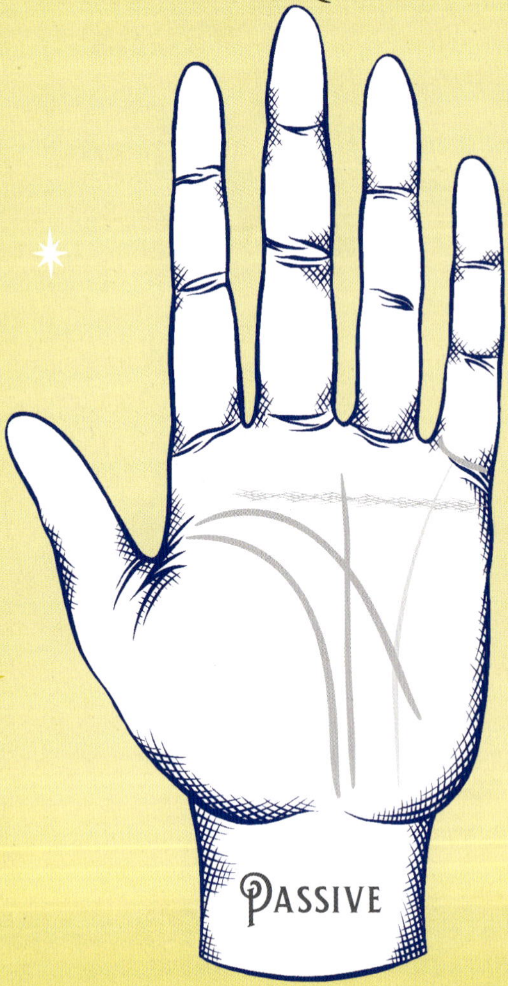

1. Quelle est la forme de cette main et que vous révèle-t-elle de la personne ?

2. La texture de peau est soyeuse. Dans quelle atmosphère cette personne pourrait-elle s'épanouir ?

3. Est-ce un esprit particulièrement rationnel ? Vérifiez la ligne de tête et cherchez une ligne d'esprit.

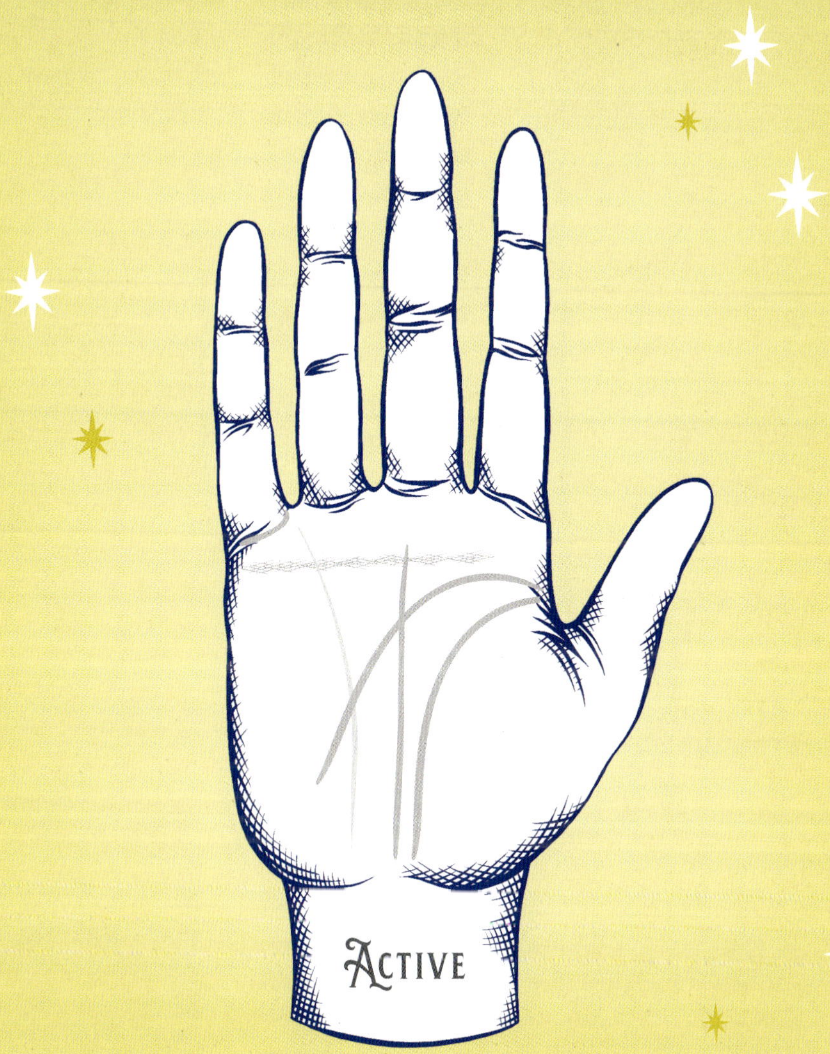

4. Quels types de relations a-t-elle ? Est-elle à l'aise dans l'intimité ?

Vérifiez la longueur et les particularités de la ligne de cœur, ainsi que les lignes d'affection.

EXERCICE 3

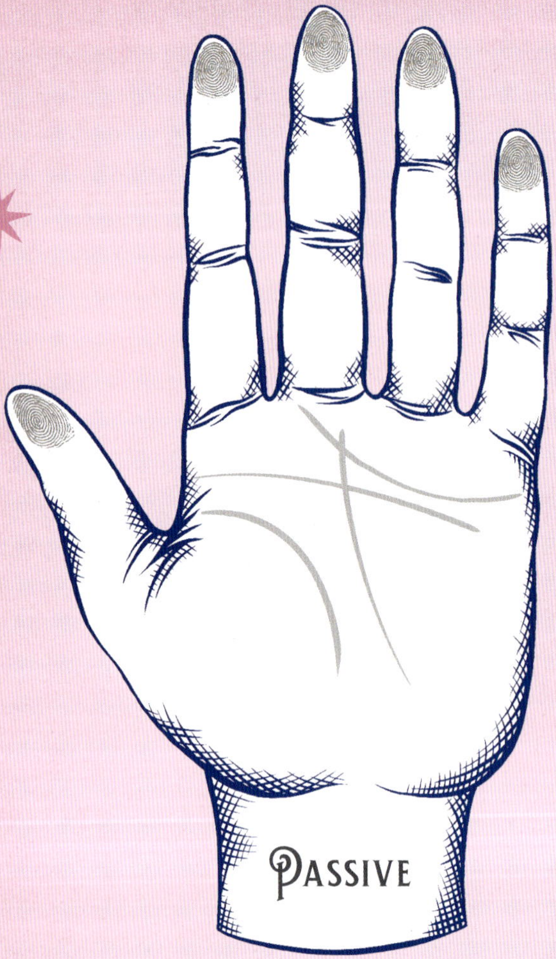

1. Quelle est la forme de cette main ?

2. La personne est-elle particulièrement conformiste ? Vérifiez le doigt mur et le début des lignes de destin. Regardez s'il y a des empreintes tourbillon et si la ligne de vie est séparée de la ligne de tête.

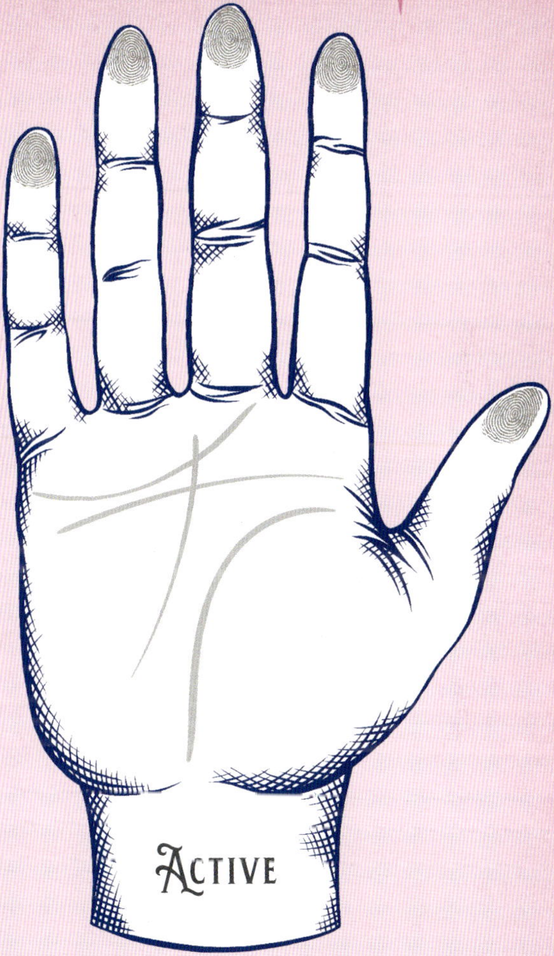

3. Cette personne a-t-elle particulièrement les pieds sur terre ? A-t-elle confiance en elle et dans la voie qu'elle a prise ? Regardez la ligne de vie sur les deux mains.

4. Son esprit est-il tourné vers l'action ou la réflexion ? Vérifiez les particularités des lignes de tête.

EXERCICE 4

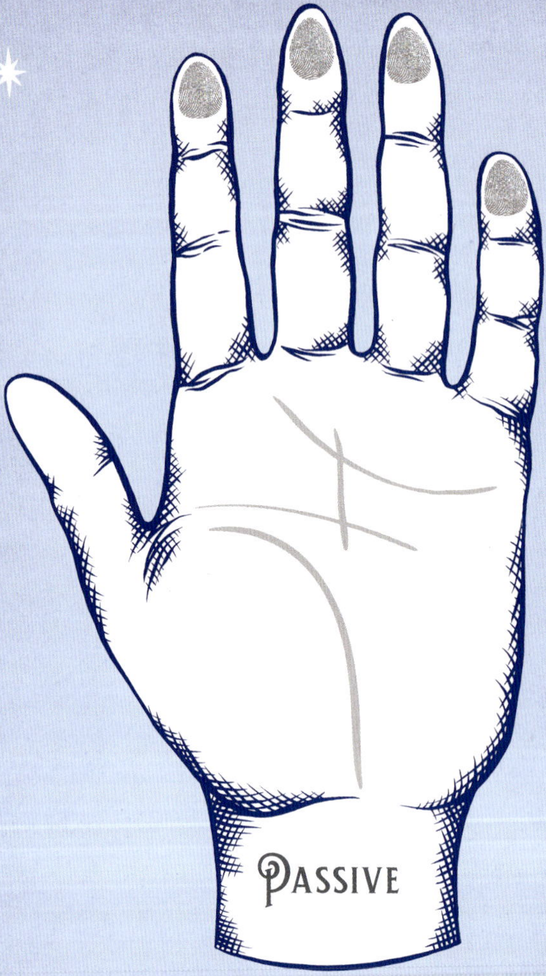

1. Quelle est la forme de la main de cette personne ?

2. Quel est son degré de maturité ? A-t-elle mûri précocement ? A-t-elle une vocation particulière ? Étudiez de plus près les lignes de destin et notez ce que vous observez.

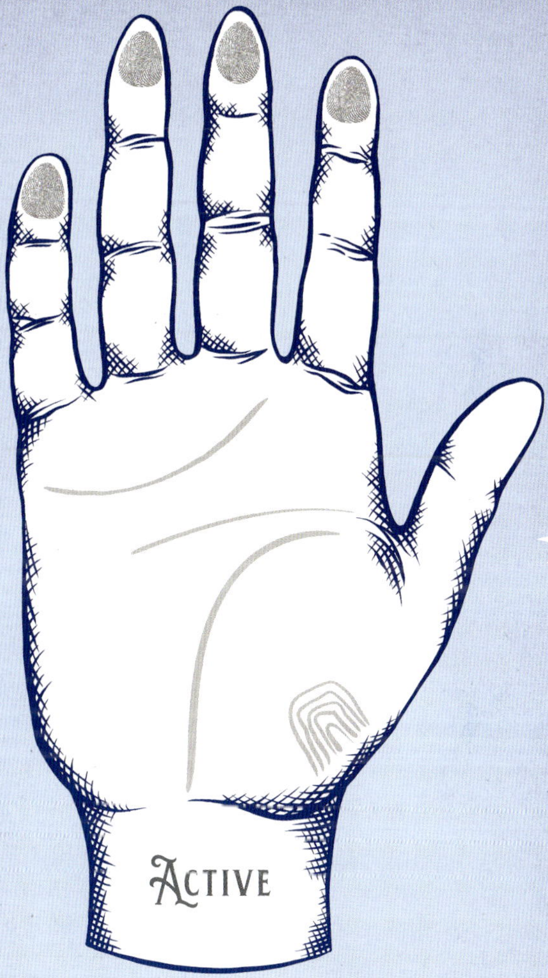

3. Regardez les motifs des empreintes. La personne a-t-elle plutôt un caractère calme et stable ?

4. Aime-t-elle particulièrement la musique ? Vérifiez l'aspect de la ligne de cœur, voyez si le doigt paon est long et s'il y a la boucle du rythme.

INTERPRÉTATIONS ET ÉLÉMENTS DE RÉPONSES

EXERCICE 1

1. C'est une paume carrée, Terre (tortue). Cette personne est solide et pragmatique, elle a vraiment les pieds sur terre. Les types tortue préfèrent rester près de chez eux et évitent, par exemple, tout ce qui va trop vite.

2 et 3. La texture de peau rugueuse indique quelqu'un qui déteste être enfermé, avec un penchant pour un métier manuel, de préférence à l'extérieur.

4. La ligne de tête courte et droite est révélatrice d'une personne réaliste, tournée vers l'action. Elle a l'esprit pratique, n'est pas portée sur l'introspection ou le narcissisme.

5. Le doigt miroir court et penché indique une faible estime de soi (bien que ce soit moins négatif sur la main active). Cette personne ayant une peau rugueuse (sensibilité réduite) et pas de lignes d'aspiration, elle risque de se négliger. Ceux qui ont des index penchés ne sont généralement pas des leaders.

EXERCICE 2

1. Cette main Eau (serpent) signale une personnalité fluide et adaptable, ennemie des conflits et passionnée par les relations humaines.

2. Une peau soyeuse est extrêmement sensible. Par conséquent, l'individu évite le stress et le bruit. Les gens avec ce grain de peau recherchent de préférence des environnements calmes et harmonieux.

3. Avec une ligne de tête longue et courbée, la capacité de réflexion est profonde et la vision subjective. Le mental est fortement influencé par les expériences personnelles et l'humeur. La présence d'une ligne d'esprit indique aussi des pouvoirs psychiques et un esprit moins rationnel.

4. La ligne de cœur, assez courte, est truffée d'îles. Cela révèle une personne extrêmement sensible, qui peut être instable et coupée de ses émotions. Le doigt antenne ceinturé et la ligne d'affection traversant la zone de l'intimité indiquent une difficulté à se rapprocher des autres.

EXERCICE 3

1. Il s'agit d'une main Air (faucon). C'est une personne qui pense et déborde d'idées. Elle privilégie probablement une approche intellectuelle du travail.

2. Les lignes de destin commencent très loin des lignes terriennes, signe classique d'un esprit rebelle. On voit aussi un grand intervalle entre les débuts des lignes de vie et de tête, ce qui indique une indépendance d'esprit et une séparation physique et intellectuelle du milieu familial. De plus, le doigt mur est court (anticonformisme) et il y a de nombreux tourbillons, le sentiment d'identité collective est donc absent. Il s'agit d'un profil individualiste.

3. Sur la main passive, la section de base de la ligne de vie est absente, le sentiment de sécurité intérieure est donc faible, probablement à cause d'une famille déracinée ou très mobile. Toutefois, c'est une personne qui, avec le temps, a réussi à se recréer des bases plus sûres et plus concrètes dans le monde du travail.

4. Les deux lignes de tête sont longues, mais celle sur la main active l'est plus. La personne réfléchit et a une grande profondeur de vue. Ces traits de caractère se renforcent avec l'âge. L'esprit est souvent ailleurs que dans le moment présent.

EXERCICE 4

1. Il s'agit d'une paume Feu (tigre). La peau est épaisse, révélant une personne ambitieuse et dynamique.

2. Il n'y a pas de ligne de destin sur la main active. Il se peut que cette personne ne sache pas vraiment qui elle est ni où elle va en matière de vocation. Sur la main passive, la ligne de destin a un développement tardif, la personnalité est plus affirmée à la maturité, mais n'a peut-être pas mûri précocement.

3. Le motif dominant des empreintes est l'arc en tente. C'est le signe d'une personnalité entière, enthousiaste et théâtrale. Les deux index sont porteurs de ce motif, ce qui montre la volonté de diriger et inspirer les autres. De toute évidence, il ne s'agit pas d'un esprit tranquille et modéré !

4. La ligne de vie étant forte et très incurvée, la personne est capable de s'exprimer sur le plan émotionnel et artistique. Il y a une belle boucle du rythme et des longs doigts paon sur les deux mains, l'amour de la musique est donc un facteur déterminant. Étant donné la nature expressive et dynamique de la main, cet art offrirait un bon exutoire à une personnalité aussi extravertie.

À PROPOS DE L'AUTEUR

Vivant au Royaume-Uni, Johnny Fincham est un praticien reconnu et est l'auteur de plusieurs ouvrages de chiromancie.

REMERCIEMENTS

Merci à Astro-Jo, Jai-Jai, Don, Lisa, et tous mes nombreux patients qui, au fil des années, m'ont appris tout ce que je sais.